La Terre

William Smith
(1769-1839)

Cristaux de soufre
monocliniques

Goniomètre pour
mesurer les angles entre
les faces d'un cristal
de sulfate de cuivre

Éclogite

Granite

Planétaire montrant les mouvements
de la Terre autour du Soleil
et de la Lune autour
de la Terre

Cuivre natif

Roche contenant
de la malachite

Modélisation de la formation
d'une chaîne de montagnes

Lame mince de calcaire vue au microscope

La Terre

La répartition sur Terre de l'escargot commun confirme la théorie de la dérive des continents.

par
Susanna Van Rose
Photographies originales de Clive Streeter
Traduction et adaptation de Nicolas Tribovillard,
maître de conférences à l'université Paris Sud Orsay

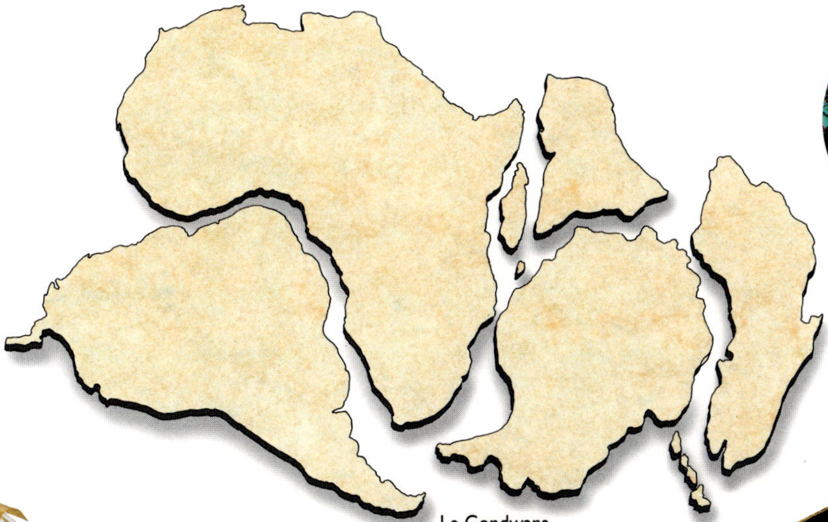

Le Gondwana

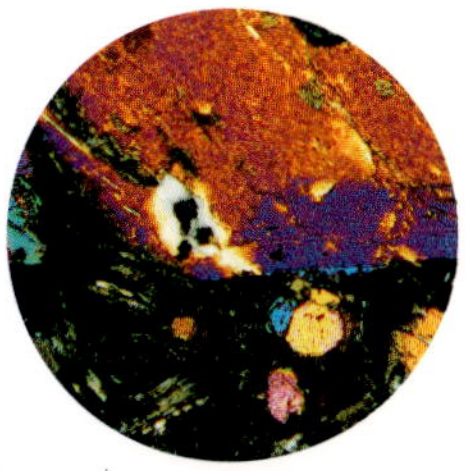

Lame mince de gabbro vue au microscope

Dégagement de gaz carbonique dans l'eau

Microscope de pétrographe

Cristaux d'or inclus dans du quartz

GALLIMARD

Tamisage de sédiments marins pour en extraire les fossiles

Refroidissement brutal du soufre fondu qui se fige en une structure vitreuse.

Un outil pour toute la famille

Pour encourager le lecteur à observer le monde qui l'entoure, pour répondre aux nombreux pourquoi et comment de la vie quotidienne ou aux grandes interrogations de l'Univers, voici une encyclopédie scientifique accessible à tous, grâce à son attrait visuel et à sa simplicité. *La Terre* est un livre que l'on prendra l'habitude de consulter en famille et qui, alliant la fascination de l'image à la sérénité de la lecture, permettra, à tous les âges, de redécouvrir le plaisir de comprendre.

Une source de références, d'expériences et d'inspiration pour les élèves et pour les enseignants

Pour l'école, le collège ou le lycée, dans le cadre des programmes d'enseignement, cet ouvrage présente quantité d'exemples et d'expériences, majeures ou moins connues, qui expliqueront et illustreront de façon vivante et active l'histoire et les principes de la science. Il aborde la connaissance en fertilisant l'imagination, facilitant ainsi le travail de la mémoire, et permet de passer tout naturellement du concret à l'abstrait.

Poudre de cristaux de soufre fondue

Poudre de cristaux de soufre

Lame mince d'obsidienne vue au microscope

Goniomètre pour mesurer les angles entre les faces des cristaux

Direction éditoriale et artistique

Responsables éditoriaux :
Josephine Buchanan et Charyn Jones
Directeurs artistiques :
Jane Bull et Lynne Brown
Maquettiste : Helen Diplock
Responsable de la fabrication :
Adrian Gathercole
Iconographe : Caroline Brooke
Conseiller éditorial : Dr John Cope

Édition originale parue sous le titre :
Eyewitness Science Guide "Earth"

Pour l'édition française :
ISBN 2-07-058475-5

« Loi n° 49-956 du 16 juillet 1949
sur les publications destinées à la jeunesse »

Dépôt légal : septembre 1994
Numéro d'édition : 68110

Imprimé à Singapour

James Hutton (1726-1797)

Modélisation des couches sédimentaires dans un delta

Sommaire

Échantillons prélevés par le *Challenger* (1872-1875)

Petite planète dans le vaste système solaire, la Terre est unique par maints aspects. On y trouve la vie et l'eau, et sa surface est renouvelée en permanence. Ce que nous voyons de la Terre n'est qu'une pellicule rocheuse très mince : la croûte ou lithosphère. Celle-ci repose sur le manteau, constitué de plusieurs couches de roches. Au centre se trouve le noyau, riche en métaux. La planète est entourée d'un champ magnétique qui fluctue au cours du temps et qui protège la vie sur Terre des intenses radiations solaires. La croûte silicatée (l'essentiel des roches sont formées de silicates) est enveloppée d'eau sous forme de liquide ou de vapeur et de gaz atmosphériques (p. 10-11) rejetés principalement par les volcans et accumulés au cours du temps. La lithosphère est découpée en plaques qui bougent lentement les unes par rapport aux autres, ce qui modifie l'architecture des continents en plusieurs dizaines de millions d'années.

La Terre vue d'un satellite
La Terre n'est pas tout à fait ronde. Elle est aplatie aux pôles et renflée à l'équateur, si bien que le rayon terrestre est plus court de 43 km aux pôles, par rapport à l'équateur. Pythagore (v. 570-v. 480 av. J.-C.), philosophe et mathématicien de la Grèce antique, regardant les bateaux qui venaient à lui de l'horizon, avait imaginé que la Terre pouvait avoir une forme sphérique. Leurs mâts apparaissaient d'abord, puis leurs coques lorsqu'ils se rapprochaient de lui.

Les géologues s'organisent
Au XIXe siècle, la géologie se développe. Des sociétés géologiques se constituent, la première à Londres en 1807, et l'on commence à faire un relevé systématique de la composition des sols. La première carte géologique date de 1815. Cette impulsion est due à quelques personnalités comme Sir Henry De La Beche (1796-1855), à l'origine du premier Service géologique de Grande-Bretagne en 1835, ou Ami Boué (1794-1881), géologue autrichien fondateur de la Société géologique de France en 1830.

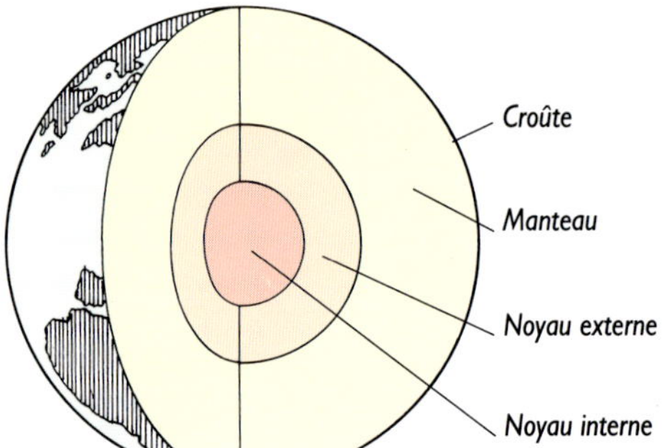

À l'intérieur de la Terre
La croûte terrestre est trop fine pour que son épaisseur puisse être dessinée à l'échelle. Elle est épaisse d'environ 5 km sous les océans et de 35 km sous les continents. Le manteau sous-jacent est épais de presque 3 000 km. Le noyau métallique est liquide dans sa partie externe, et solide à l'intérieur. Dans le noyau, la pression est un million de fois plus élevée que la pression atmosphérique, la température est d'environ 4 500 °C. Comme il est impossible de reproduire de telles conditions en laboratoire, les données sur la nature des métaux du noyau sont encore hypothétiques.

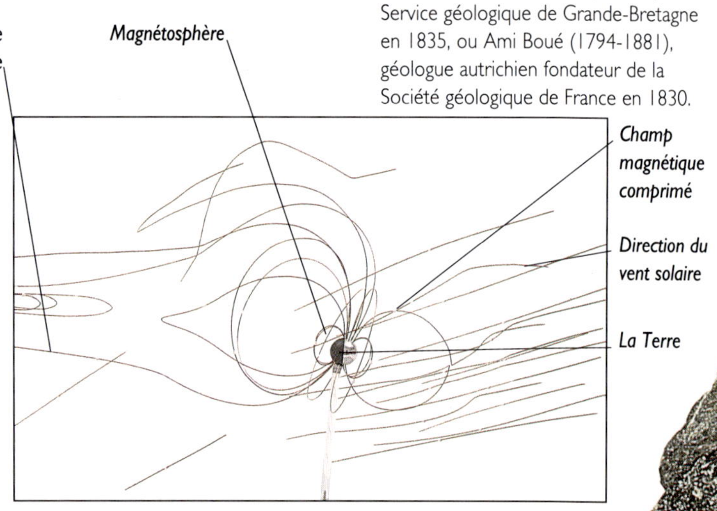

Schéma de la magnétosphère

Le champ magnétique
Le noyau externe, liquide et riche en métaux, est animé de mouvements, ce qui engendre un champ magnétique. Quelquefois – tous les quelques milliers ou dizaines de milliers d'années – la direction du champ s'inverse pour des raisons inconnues. Les lignes de force du champ ceinturent la Terre en passant par les pôles. Elles protègent la Terre en déviant le bombardement de particules chargées électriquement qui viennent du Soleil (le vent solaire). Cet effet d'écran crée une cavité magnétique appelée magnétosphère. Le vent solaire comprime les lignes de force du côté du Soleil alors qu'elles sont étirées de l'autre côté, dessinant une sorte de traînée.

Péridotite

Les ingrédients de la Terre

Outre l'eau, l'air et les roches à la surface de la Terre, les autres constituants du globe ne sont pas toujours directement déterminables (p. 40-41). Certaines roches du manteau externe arrivent à la surface lors des éruptions volcaniques (p. 25), mais il est encore plus difficile de se figurer les pressions extrêmes subies par les métaux dans le noyau, la partie la plus dense de la planète.

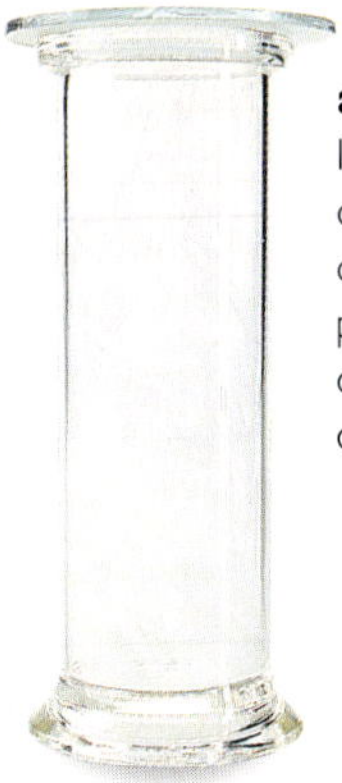

Gaz

Les gaz atmosphériques
Ils représentent moins de 1 % de la masse de la Terre. La densité de l'atmosphère est la plus forte près de la surface de la Terre et diminue quand on s'en éloigne.

La gravité retient les gaz près du sol.

Glace

La glace
Elle constitue environ 0,002 % du volume total de la Terre et 0,003 % de sa masse totale. Les calottes polaires actuelles sont un héritage des glaciations qui sévirent au cours des deux derniers millions d'années.

Croûte océanique (basalte)

Croûte continentale (granite)

La croûte
Elle forme 0,8 % du volume total de la Terre et 0,4 % de sa masse totale. La croûte océanique est essentiellement constituée de basalte. La croûte continentale est principalement faite de granite provenant de l'évolution du basalte.

L'eau
Elle constitue environ 0,1 % du volume total de la Terre et 0,02 % de sa masse totale. L'eau, à elle seule, recouvre les trois quarts de la surface terrestre (p. 16-17).

Eau

Le noyau
Il représente 16 % du volume total de la Terre et 31 % de sa masse totale.

Le noyau externe liquide
On considère qu'il est constitué de fer à l'état liquide, animé de mouvements qui engendrent le champ magnétique terrestre.

Mercure

Le mercure est liquide à l'état naturel.

Le noyau interne solide
Les pressions sont telles au centre de la Terre que le fer fondu, encore liquide dans le noyau externe, est à l'état solide dans le noyau.

Le fer massif du noyau peut ressembler à ceci.

Fer massif

Le manteau
Il représente 83 % du volume de la Terre et 68 % de sa masse. Composé de minéraux silicatés denses car riches en fer, le manteau est probablement constitué de péridotites riches en olivines. Sa composition évolue lentement du fait de l'incorporation de magma dans la croûte. Le manteau supérieur s'appauvrit donc en éléments chimiques fondant aisément.

Parmi les idées initiales sur l'origine de la Terre et ses constituants, beaucoup reposaient sur l'observation et le raisonnement, d'autres étaient héritées de la tradition. Il y a parfois un lien entre croyance traditionnelle et pensée scientifique mais pas toujours. Le développement de la connaissance et de la compréhension de notre environnement ne s'est pas effectué de façon continue. Si les Grecs anciens et les Égyptiens avaient établi que la Terre était ronde et avaient calculé son rayon de façon extraordinairement précise, certains croyaient encore, plusieurs siècles après, que la Terre était plate, peut-être parce que les premières cartes étaient dessinées à plat.

La carte du monde
Cette carte du monde (*mappa mundi*) forme la première lettre d'une page d'un manuscrit enluminé du Xe siècle.

Les premiers explorateurs

Souvent fins observateurs, les premiers explorateurs voyagèrent inlassablement et décrivirent les côtes, les nouvelles terres et les océans. Au XVIIIe siècle, James Hutton (1726-1797), l'un des premiers géologues modernes, émit des idées nouvelles sur les phénomènes terrestres : il fut le premier naturaliste à introduire en géologie la notion de l'évolution dans le temps. Abandonnant les idées préconçues, il fonda ses travaux sur l'observation.

Mappa mundi du XIIe siècle
Les premières cartes comportaient des dessins (figures divines, illustrations des villes traversées) et des représentations convenues de paysages (montagnes, rivières…). Cette carte représente des montagnes et des rivières entre la Babylonie (l'Iraq actuel) et la Calédonie (aujourd'hui l'Écosse).

La baguette du sourcier
Dans certaines régions, on utilise encore une baguette fourchue pour chercher de l'eau dans le sol. La baguette, tenue par les deux rameaux, s'agite violemment quand il y a de l'eau sous les pieds du sourcier.

James Hutton
James Hutton, géologue écossais, s'intéressait à la fertilité des sols, ce qui l'amena à multiplier ses observations sur les campagnes écossaises. Son étude des roches volcaniques dans la région d'Édimbourg lui fit concevoir sa théorie plutoniste, qui attribuait l'origine des roches à l'activité volcanique, contre l'avis des neptunistes (p. 22). Ce furent les travaux de Hutton qui permirent d'entrevoir l'immensité du temps géologique.

James Hutton (1726-1797)

À la recherche des métaux
Même si dans nos sociétés modernes il arrive que l'on ait recours à des méthodes divinatoires, par exemple pour chercher de l'eau, Georg Bauer, *alias* Agricola (1494-1555), philosophe et minéralogiste allemand de la Renaissance, préférait les méthodes scientifiques. Son livre *De Re Metallica* décrit les propriétés physiques de certains métaux, leur mode de gisement et d'extraction.

Radiesthésiste

Grand biface

Bord tranchant pour couper les plantes, le bois et dépecer les animaux

À l'âge de la pierre polie succéda celui de la pierre taillée.

Petit biface

Bord tranchant écaillé

À l'âge de la pierre

Les hommes apprirent à utiliser les ressources de la Terre. Ils choisirent d'abord la pierre comme outil. Certaines roches dures, comme le silex, offrent, une fois taillées, un bord tranchant et résistant, très utile dans les tâches domestiques (abattage des arbres, nettoyage des peaux…).

Le yin et le yang

Le Feng shui est une ancienne pratique chinoise ésotérique pour interpréter les paysages. Le Feng shui voit dans les collines arrondies des caractéristiques féminines (yin) et dans les montagnes escarpées des caractères masculins (yang). L'harmonie et la prospérité exigent un équilibre entre ces éléments.

L'art de deviner les forces cachées du sous-sol permet de comprendre le principe de l'harmonie du lieu.

Consultation d'une boussole Feng shui

Interroger les oracles est un acte naturel à chaque étape de la vie chinoise.

Cette peinture de la dynastie Qing (1644-1911) illustre l'utilisation de la boussole Feng shui.

Une tradition persistante

Feng shui signifie vent et eau. À Hong Kong, on consulte aujourd'hui encore le devin Feng shui avant de construire ou d'acheter un édifice. Cela garantit que le style architectural et la finalité de l'immeuble respectent l'harmonie naturelle du site.

L'origine de la boussole ésotérique Feng shui n'est pas bien connue. Elle dérive peut-être d'une table d'orientation ésotérique ou d'une sorte d'échiquier sur lequel on jetait les pièces comme on le fait avec des dés.

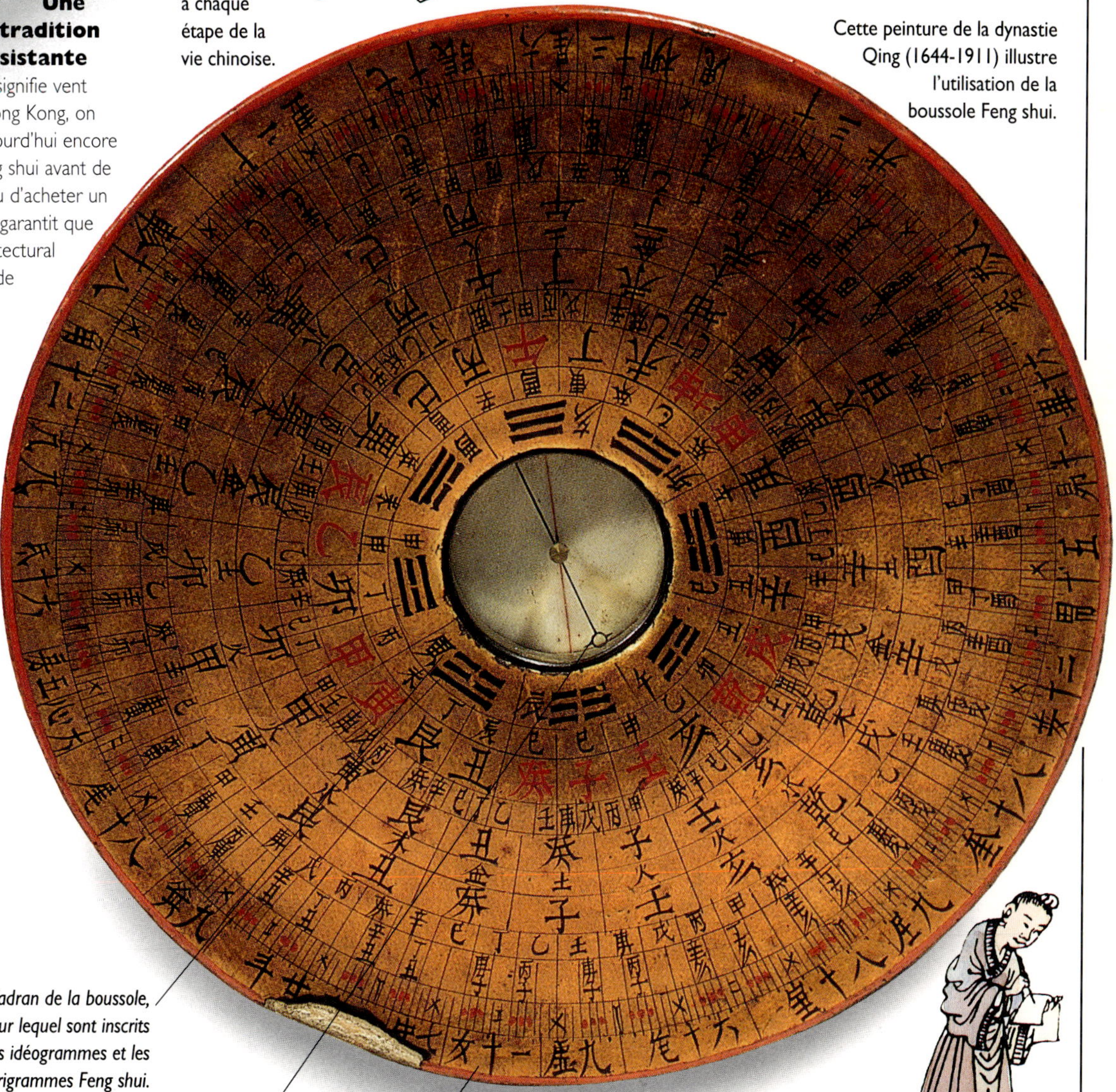

Cadran de la boussole, sur lequel sont inscrits les idéogrammes et les trigrammes Feng shui.

Aiguille de la boussole

Bois laqué

Créer l'harmonie

À travers le monde, de nombreuses constructions harmonieuses respectent le principe Feng shui, qui préfère aux lignes droites, à l'énergie brutale, l'harmonie paisible des courbes.

Un sentier ou un mur qui ondulent, comme ici la Muraille de Chine, sont en harmonie avec l'univers.

Le scribe note les éléments du paysage pendant qu'un aide prend des mesures.

UN COCON GAZEUX LA TERRE SE DISTINGUE DES AUTRES PLANÈTES DU

La Terre se trouve à l'intérieur d'une enveloppe de gaz, l'atmosphère, épaisse d'un millier de kilomètres. Toutefois, les trois quarts de l'atmosphère sont concentrés dans les dix premiers kilomètres au-dessus du sol de notre planète. L'air de l'atmosphère est un mélange de divers gaz. Le plus abondant dans la basse atmosphère est l'azote (78 % du total), suivi de l'oxygène (moins de 20 %), qui permet toute vie basée sur le phénomène de la respiration. Le dioxyde de carbone – ou gaz carbonique –, bien que très peu abondant, a un double rôle : il est vital pour les végétaux, car il est à la base du processus de la photosynthèse, et il participe à la régulation de la température de l'atmosphère. Des traces infimes de néon et d'argon, appelés les gaz rares, renseignent sur l'origine des gaz atmosphériques terrestres : ils proviennent des gaz émis par les éruptions volcaniques qui se sont peu à peu accumulés, alors que l'oxygène tirait son origine de la photosynthèse végétale.

Un ciel toujours noir
Aucune atmosphère n'entoure la Lune, donc aucun gaz ne peut diffracter les rayons lumineux du Soleil. Aussi le ciel n'y est-il ni blanc ni bleu comme sur Terre mais noir. L'absence d'atmosphère autour de la Lune fait qu'il n'existe pas de « climat ».

LA TROPOSPHÈRE

La couche la plus basse de l'atmosphère s'appelle la troposphère. La température et l'humidité y sont variables et l'air y est turbulent : le temps y oscille sans cesse entre pluie et soleil !

Paralvinella

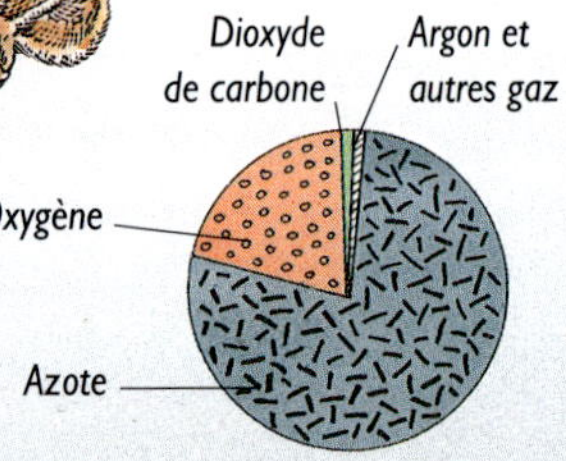

La chimiosynthèse
En 1977, le sous-marin *Alvin* découvrit une faune étonnante à 2 500 m de profondeur, sur la dorsale des Galapagos. Ce peuplement animal se développe autour des sources hydrothermales (p. 38) – des cheminées de sulfure qui recrachent l'eau infiltrée dans les roches, réchauffée (jusqu'à 300 °C) et enrichie en sulfures. Dans cette faune, on distingue des vers appelés *Paralvinella*, qui ont un métabolisme original. Situés au pied des sources, dans une eau à 40 °C environ, ils vivent en symbiose avec des bactéries qui tirent leur énergie du sulfure d'hydrogène. Ce mode de vie unique se passe de l'énergie du Soleil – donc de la photosynthèse – et utilise l'énergie de réactions chimiques pour réaliser la synthèse organique. C'est le point de départ d'une chaîne alimentaire basée sur l'oxygène.

Les gaz de l'atmosphère
L'atmosphère de la Terre est unique dans le système solaire. Elle ne s'est pas formée uniquement à partir des gaz présents dans le système solaire : hélium, hydrogène, voire méthane et ammoniac. Les processus d'évolution des formes de vie bactérienne ou végétale ont rendu l'azote dominant et ont permis un dégagement abondant d'oxygène.

Les chimistes voient dans la composition isotopique de l'argon une preuve que l'atmosphère terrestre ne tire pas son origine du système solaire.

Dans l'histoire de la Terre, qui commença il y a 4 500 millions d'années, l'oxygène est apparu relativement tard dans l'atmosphère.

La photosynthèse
L'oxygène provient de l'activité photosynthétique des plantes, qui consomment du dioxyde de carbone – gaz carbonique – et libèrent de l'oxygène. Les premiers organismes capables de photosynthèse devaient ressembler à ces algues vertes qui croissent aujourd'hui dans les sources chaudes volcaniques. Leur développement, il y a 3 600 millions d'années, a peu à peu enrichi l'atmosphère en oxygène.

L'atmosphère vue de l'espace

La Terre, vue du ciel, se distingue des autres planètes. Elle est partiellement enveloppée de nuages blancs, dont les mouvements sont responsables du temps qu'il fait sur Terre. La force de gravité des petites planètes est trop faible pour retenir autour d'elles les molécules de gaz : la Lune, Mercure et Mars n'ont pas ou presque pas d'atmosphère.

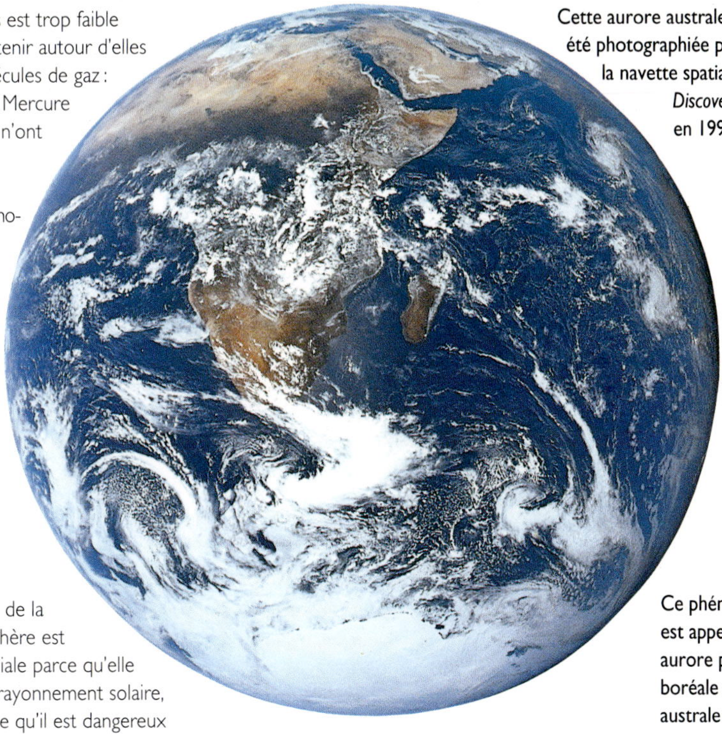

Cette aurore australe a été photographiée par la navette spatiale *Discovery* en 1991.

Ce phénomène est appelé une aurore polaire, boréale au nord, australe au sud.

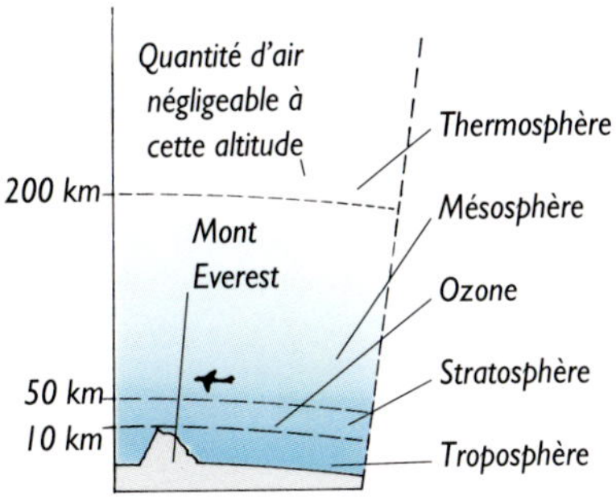

Les couches de l'atmosphère

L'atmosphère terrestre est stratifiée. L'altitude de ces couches varie au gré des saisons, et de la latitude. La couche d'ozone de la stratosphère est primordiale parce qu'elle filtre le rayonnement solaire, si intense qu'il est dangereux pour la vie.

Les aurores polaires

Dans la thermosphère, à 300 km d'altitude, le vent solaire (p. 6) peut interagir avec les particules de l'atmosphère et provoquer un arc électrique lumineux, visible près des pôles.

Le fer rubané

Entre -3 000 et -2 000 millions d'années, des roches rubanées, rouge et noir, se sont formées et ce phénomène s'est rarement reproduit au cours de l'histoire de la Terre. Dans ces roches, le fer, très abondant, s'est combiné à l'oxygène en différents types d'oxydes de fer. Ce phénomène, qui a duré très longtemps, a dû consommer une part énorme de l'oxygène présent dans l'eau de mer. Cela prouve que les algues devaient être alors en plein développement (p. 10), dégageant toujours plus d'oxygène dans l'océan. Quand l'atmosphère s'est enrichie à son tour en ce gaz, des oxydes de fer colorés en rouge se sont formés sur les terres émergées.

Une terre fertile

La diversité de la vie épanouie sur Terre est unique. L'atmosphère terrestre protège la planète des rayonnements stellaires nuisibles ; ses gaz aident au développement des plantes et des animaux. Les vents dans la troposphère et les courants marins régulent la température. Sans eux, les nuits seraient glaciales et les journées brûlantes.

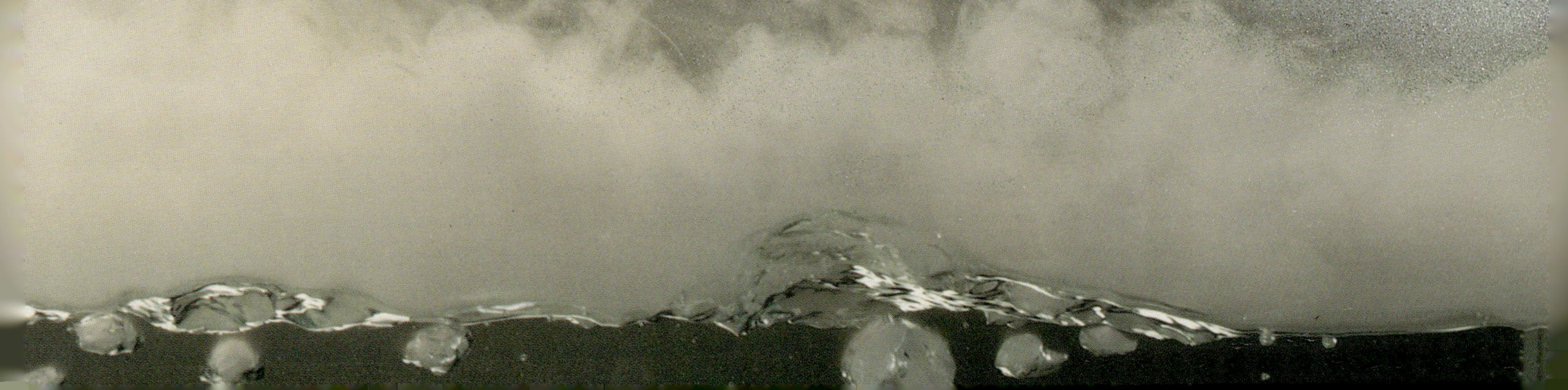

Le climat sur Terre a considérablement changé à l'échelle des temps géologiques, que l'on compte en centaines ou en milliers de millions d'années (le million d'années est l'unité de temps du géologue). La forme des continents s'est modifiée et ces derniers se sont déplacés par rapport à l'équateur et aux pôles (p. 36-37). L'observation des roches a appris aux géologues que des lieux maintenant éloignés de l'équateur ont été un jour des déserts torrides et que les coraux ont autrefois colonisé les rives de l'actuelle Europe. La position des continents influe sur le mouvement des masses d'air et sur le régime des climats. Lorsque les continents ne s'étaient pas encore séparés et formaient la Pangée (p. 34-35), l'intérieur des terres était désertique. Les roches nous enseignent aussi que, au cours des deux derniers millions d'années, les glaciers ont largement recouvert le globe (p. 58-59). Les changements climatiques sont également liés à la position de la Terre sur son orbite autour du Soleil.

Le rôle du Soleil
En 1941, le météorologue croate Milutin Milankovitch (1879-1958) a émis l'hypothèse que des modifications de l'orbite terrestre pouvaient avoir des répercussions à long terme sur le climat. À l'appui de sa théorie, il consacra de nombreuses années à calculer l'insolation des diverses latitudes depuis 650 000 ans.

Une position variable
Comme l'orbite terrestre décrit une ellipse plus ou moins circulaire au cours du temps, la distance de la Terre au Soleil est variable. Leur approchement maximal, il y a 11 000 ans, a accéléré la fusion des glaciers recouvrant l'hémisphère Nord, mettant ainsi fin au dernier âge glaciaire.

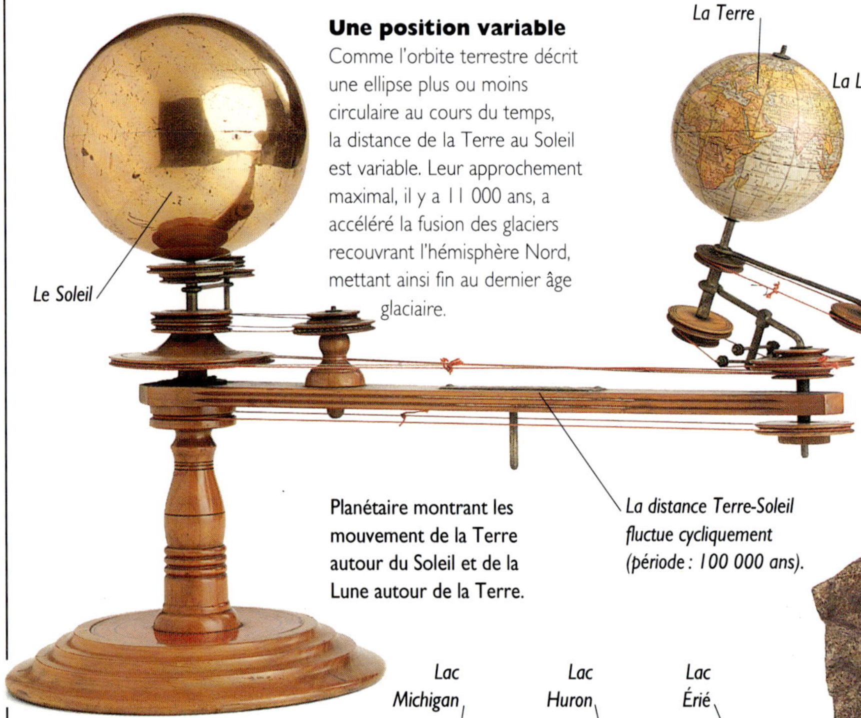

Planétaire montrant les mouvement de la Terre autour du Soleil et de la Lune autour de la Terre.

L'héritage des glaciers
Les cinq grands lacs d'Amérique du Nord sont nés de la fusion des glaces depuis 14 000 ans. Le poids énorme de la couverture de glace avait déformé la surface des terres de cette immense région en y creusant une légère dépression. Après la fonte des glaces, la région a mis longtemps à retrouver sa forme initiale (p. 40-41). L'eau de fonte des glaces, représentant des milliers d'années de pluie, a rempli cette vaste cuvette.

Roche du mont Snowdon, Pays de Galles

L'histoire des continents
Les fossiles nous donnent des indications sur les évolutions du climat et de l'environnement de la Terre. Les coquillages que l'on retrouve en haute montagne montrent que les sédiments déposés jadis en milieu marin constituent aujourd'hui plateaux et montagnes (p. 46-49). On trouve la plante fossile *Glossopteris* dans des roches âgées de 200 à 350 millions d'années de tous les continents de l'hémisphère Sud. C'est une preuve parmi d'autres qu'à cette époque ces continents n'en formaient qu'un seul.

Argilite d'Inde

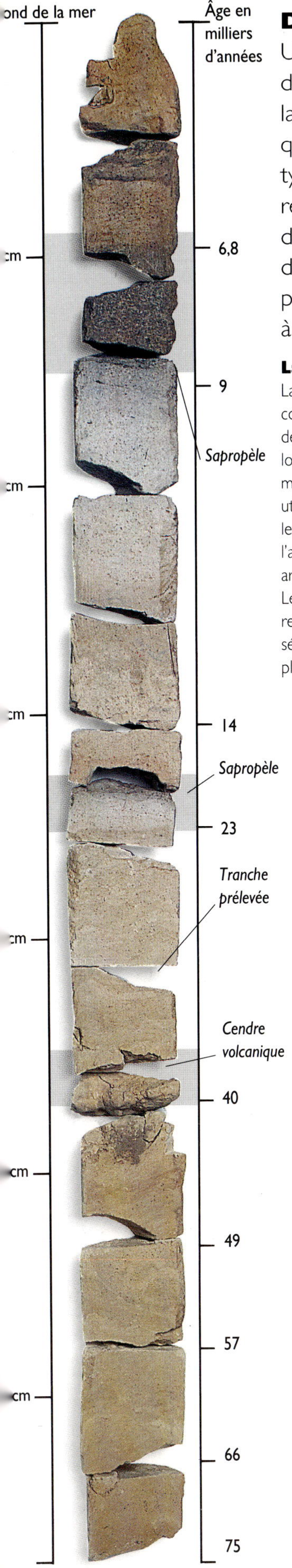

Détailler une carotte

Une façon de retracer l'évolution des climats est d'étudier les couches de sédiments au fond des mers. À chaque changement climatique, la température de l'eau des lacs et des mers change, ce qui favorise l'épanouissement ou l'apparition de certains types de plantes ou d'animaux. À leur mort, leurs restes s'incorporent aux sédiments. Pour étudier ces derniers, un navire fore le fond des mers et remonte des carottes. Celle-ci a été prélevée en Méditerranée pour l'étude des foraminifères, petits organismes à coquille (ou test) en carbonate de calcium.

La carotte
La carotte est d'abord coupée en deux en longueur ; une moitié est utilisée pour les analyses, l'autre est archivée. Le sommet représente les sédiments les plus récents.

1 Destruction sélective
La demi-carotte est échantillonnée tous les 10 cm. Un petit prélèvement de chaque échantillon est pesé et attaqué à l'eau oxygénée (peroxyde d'hydrogène) pour détruire la matière organique (parties molles des animaux ou des algues morts).

2 Tamisage
Les grains et les coquilles résiduels sont alors rincés à l'eau distillée puis tamisés. Seuls les fossiles sont retenus par le tamis.

3 Séchage
Les fossiles sont étuvés pour faire évaporer l'eau. La nature du contenu de la carotte montre la proximité des sources de sédiments : Bulgarie, Turquie, Chypre et Grèce.

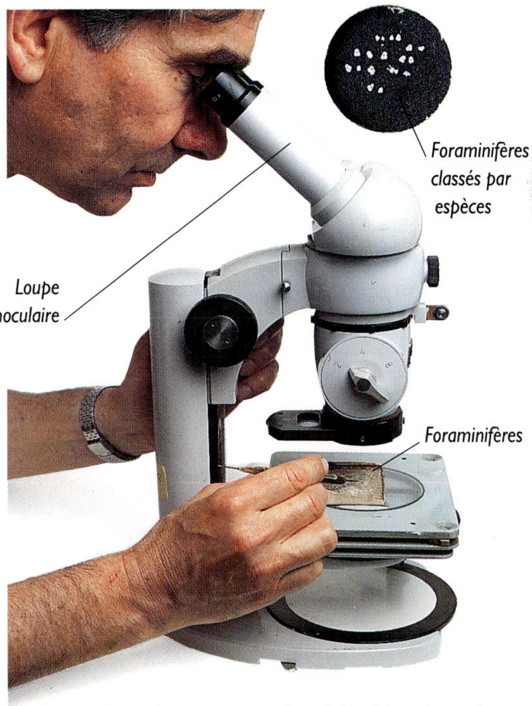

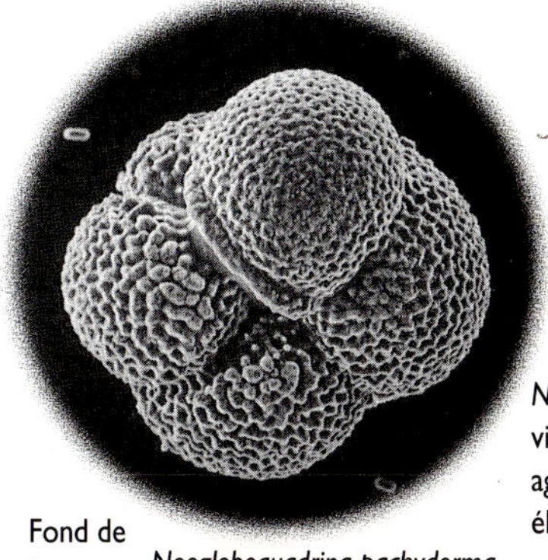

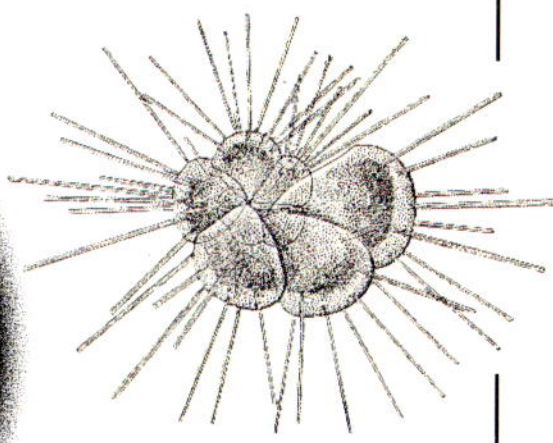

Neogloboquadrina pachyderma vivante (ci-dessus) et agrandie au microscope électronique (à gauche)

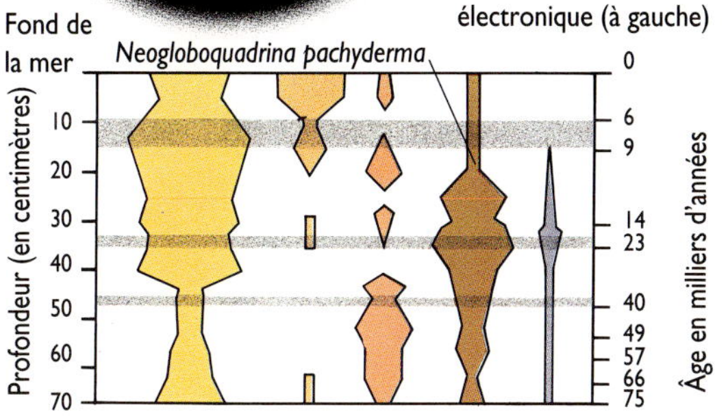

4 Comptage des espèces
Les scientifiques observent et comptent les minuscules coquilles de foraminifères. La diversité et l'abondance de chacune reflètent ce qu'était la température des eaux de surface pour chaque échantillon de la carotte.

5 Synthèse des données
Des diagrammes synthétiques illustrent la distribution de l'abondance de cinq espèces de foraminifères. Leur abondance respective reflète l'alternance de phases glaciaires et interglaciaires au cours du Quaternaire. Les sapropèles, boue riche en matière organique, traduisent des épisodes de stagnation de la Méditerranée.

Plus des trois quarts de la surface de la planète sont recouverts d'eau – la Terre aurait dû s'appeler l'Eau. Malgré la dispersion actuelle des continents, un grand océan, le Pacifique, s'étend sur la moitié du globe. De toute l'eau de pluie qui tombe, à peine plus d'un tiers emprunte les rivières et retourne à la mer. Les deux tiers restants s'infiltrent dans le sous-sol et peuvent y demeurer parfois des milliers d'années, constituant les nappes phréatiques (ou aquifères). Celles-ci alimentent en eau les sources, les puits et les rivières, qui peuvent ainsi couler même par temps sec. Un mouvement continu entraîne l'eau des océans dans l'atmosphère, puis dans les nappes phréatiques ou les rivières, et de nouveau dans les océans : c'est le cycle de l'eau, étudié par les hydrologues et les hydrogéologues. L'eau intervient dans la plupart des processus géologiques.

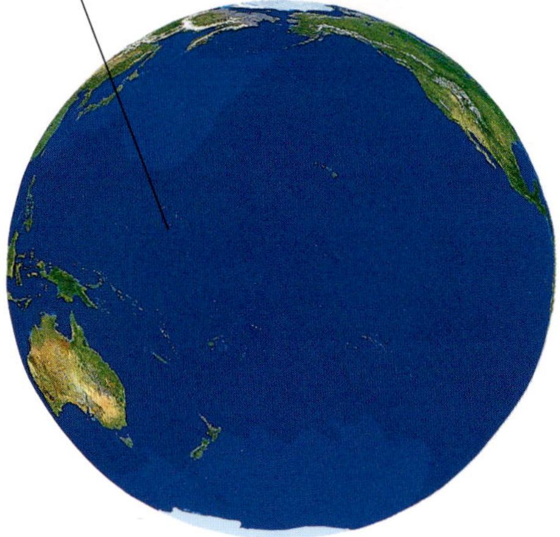

La planète bleue
Une vue prise d'un satellite au-dessus du Pacifique montre une Terre presque totalement recouverte d'eau. Quelques guirlandes d'îles apparaissent. Les océans sont plus profonds que les terres ne sont élevées.

L'océan Pacifique est si vaste que, mis côte à côte, tous les continents tiendraient dedans.

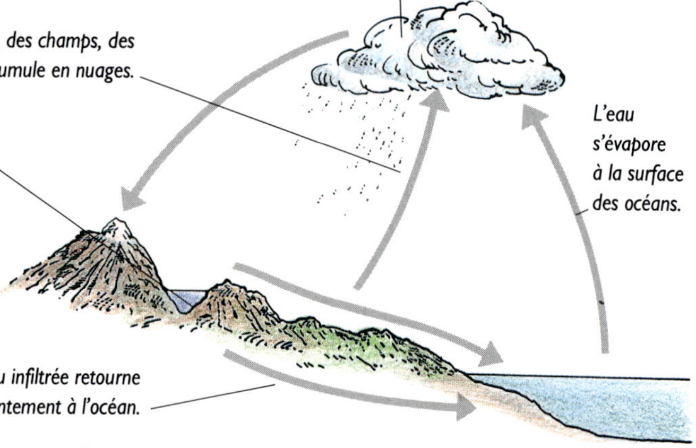

Le cycle de l'eau
L'eau se déplace en permanence, qu'elle soit à l'état de liquide ou de vapeur. Chauffées par le Soleil à la surface des océans, des molécules d'eau s'évaporent (p. 16) et s'assemblent dans l'atmosphère sous forme de nuages. En se refroidissant, la vapeur d'eau peut se condenser en pluie ou en neige et retomber directement dans l'océan ou sur les terres émergées. Sur les continents, une partie de cette eau permet la vie des plantes, des animaux et des hommes, le reste s'accumule dans les lacs, s'écoule par les rivières et retourne enfin dans l'océan. L'eau peut aussi revenir à la mer d'une manière plus lente en empruntant les fissures ou les cavités du sous-sol pour circuler.

Les quantités d'eau
Presque toute l'eau sur Terre est salée. L'eau douce des lacs et des rivières, du sous-sol et de l'atmosphère représente moins de 6 % du total. Les glaciers et les calottes polaires immobilisent de l'eau douce sous forme de glace. S'ils fondent, l'eau ainsi libérée fait monter le niveau de la mer. Depuis la fin de la dernière glaciation, le niveau marin s'est élevé de plusieurs dizaines de mètres et continuera de le faire si le climat devait encore se réchauffer.

L'eau des océans constitue 94 % du total de l'eau sur Terre.

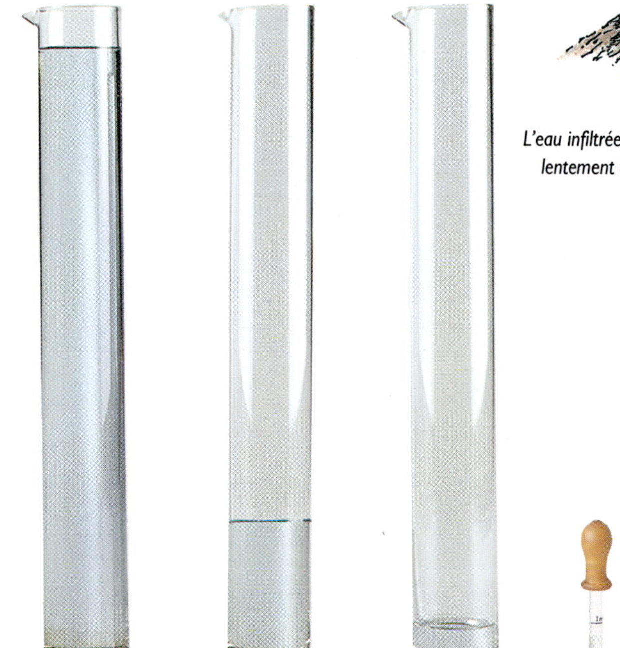

Eau du sous-sol : 4,34 %

Glaciers et calottes : 1,65 %

Fleuves et lacs : 0,01 %

Vapeur d'eau

L'eau salée
L'eau de mer est plus riche en sel que celle du corps humain ; la boire donne donc soif et peut déshydrater. La concentration en sel varie selon l'origine de l'eau de mer ; on peut la visualiser en faisant évaporer toute l'eau : il ne reste alors que des cristaux blancs de sel.

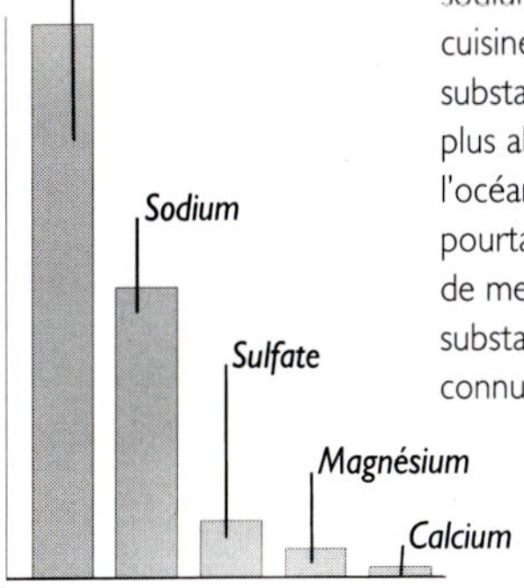

L'eau de mer
Le chlorure de sodium (sel de cuisine) est la substance dissoute la plus abondante dans l'océan. On trouve pourtant dans l'eau de mer toutes les substances chimiques connues.

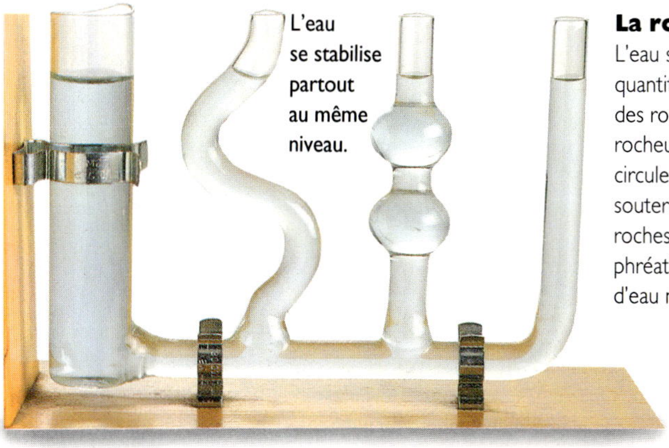

Le niveau de la mer
Les océans communiquant entre eux, le niveau marin est donc à peu près le même partout selon le principe des vases communicants. L'observation satellite a cependant permis de voir que la mer est « bosselée », soit à cause des variations de pression atmosphérique, soit sous l'effet de l'attraction exercée par les masses rocheuses. En revanche, le niveau des lacs ou des mers fermées, comme la mer Morte, isolés des océans, est variable. Il peut être au-dessus ou au-dessous du niveau marin.

La roche et l'eau
L'eau s'infiltre dans le sol en quantités variables selon la nature des roches. Seuls les horizons rocheux perméables laisseront circuler et s'accumuler l'eau souterraine dans les vides des roches, formant ainsi les nappes phréatiques qui sont des réservoirs d'eau naturels.

L'eau est un liquide inhabituel en ce sens que l'arrangement de ses molécules lui confère une densité particulière. Quand elles sont refroidies, la plupart des substances tendent à occuper moins d'espace : leur densité augmente. C'est au contraire à 4 °C que l'eau est la plus dense. En dessous de cette température, sa densité baisse. La glace à 0 °C est moins dense que l'eau à 0 °C : c'est pourquoi la glace flotte sur l'eau. L'eau consomme de la chaleur pour passer de l'état liquide à l'état gazeux et de l'état solide (glace) à l'état liquide ; ce phénomène contribue à réguler la température à la surface du globe. L'eau a une tension superficielle importante, ce qui l'aide à former des gouttelettes dans l'atmosphère et à circuler dans le sous-sol. L'eau dissout efficacement de nombreuses substances, dont certains minéraux qui forment les roches. Les roches sont donc altérées par l'eau de pluie (p. 50-51).

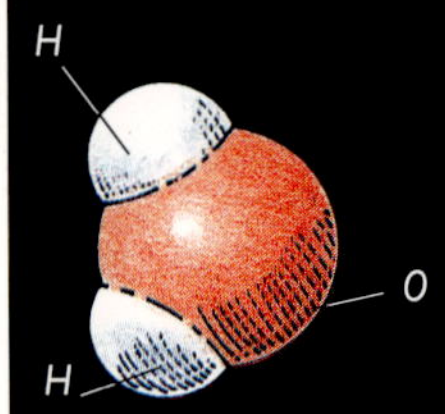

Les constituants de l'eau
Les molécules d'eau sont faites de deux éléments : l'hydrogène et l'oxygène. Elles s'ordonnent en agrégats grâce à une liaison particulière appelée liaison hydrogène. C'est elle qui fait qu'à température ambiante l'eau est sous forme de gouttelettes et non pas de vapeur. Dans la liaison chimique liant l'hydrogène à l'oxygène, ce dernier attire fortement les électrons mis en commun ; la liaison est dite polarisée (p. 17).

Les gouttes de pluie
La tension superficielle est la capacité qu'a la surface de l'eau de se ramasser sur elle-même et de retenir son contenu. L'humidité tenace provoquée par l'eau vient de là. La force de la surface poussant les molécules d'eau à rester ensemble suffit à permettre de mouiller une serviette ou un papier filtre plongés dans l'eau. L'oxygène des gouttes de pluie n'a pas la même composition isotopique que l'oxygène de l'eau de mer.

Solides, liquides et gaz
La plupart des substances montrent un arrangement régulier de leurs molécules à l'état solide. À l'état liquide, cet arrangement est plus lâche. En chauffant, on passe progressivement à l'état gazeux alors que les molécules s'éloignent les unes des autres. À 4 °C, les molécules d'eau s'ordonnent dans le minimum d'espace, la densité est alors maximale.

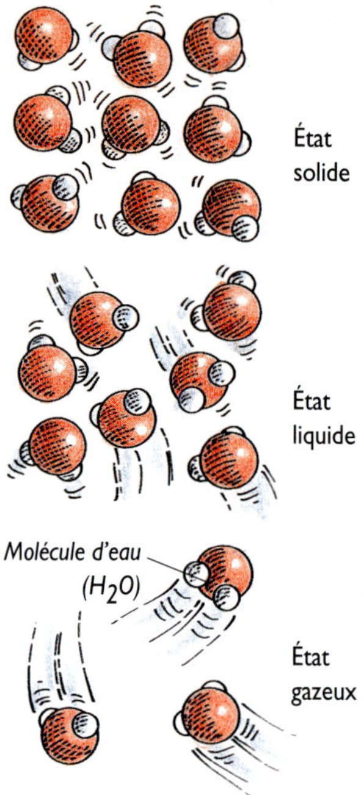

La force de capillarité joue un rôle important dans le cycle de l'eau en permettant les remontées d'eau dans les sols, ce qui facilite l'évaporation.

Une araignée qui marche sur l'eau

Lorsqu'une dolomède (*Dolomedes fimbriatus*) se pose sur l'eau d'une mare, son poids, réparti sur ses pattes, exerce une pression inférieure à la tension superficielle de l'eau, elle flotte donc. La surface de l'eau s'incurve seulement sous chaque patte. En revanche, l'eau aura tendance à entourer complètement une fibre ou une particule de roche ou de sol.

Un œuf coule dans l'eau du robinet. Un œuf flotte sur l'eau salée.

La force de capillarité

Si l'on plonge un tube fin dans l'eau, celle-ci a tendance à monter à l'intérieur de celui-là. La surface de l'eau est convexe là où elle touche le tube. Plus le tube est fin, plus l'eau s'élève, puisque la tension superficielle tend à tirer vers le haut la surface incurvée. L'eau s'infiltrant dans le sol descend sous l'action de la gravité. Elle peut cependant remonter dans le sol grâce à la capillarité. Puisque l'eau a tendance à entourer les particules qu'elle rencontre, elle peut ainsi remonter de proche en proche jusqu'à la surface du sol et s'évaporer alors (p. 14).

Les œufs flottent-ils ?

On peut augmenter la densité de l'eau en y dissolvant du sel. Un œuf coule dans l'eau douce, sa densité est donc supérieure à celle du liquide. Si la salinité de l'eau est assez forte, l'œuf pourra flotter. La différence de salinité des masses d'eau océaniques est l'un des moteurs des grands courants marins.

La densité

Un hydromètre permet de mesurer la densité d'un liquide. Il s'enfoncera d'autant plus que la densité du liquide étudié sera plus faible. Des poids de plus en plus lourds sont essayés, jusqu'à ce que le flotteur soit immergé ; on lit alors la densité sur la tige.

Un hydromètre

Les grottes karstiques

Du point de vue des charges électriques, la molécule d'eau a un pôle + et un pôle –. Elle peut donc se lier à d'autres molécules chargées électriquement et ainsi les dissoudre. La dissolution du calcaire provoque la formation de cavernes ; les carbonates dissous peuvent à leur tour donner stalactites et stalagmites (p. 51).

Les grottes de Lascaux (Dordogne)

Les pluies acides

L'eau pure (distillée) n'est ni acide, ni basique. Le papier indicateur montre sa neutralité. L'eau de pluie, chargée de dioxyde de carbone au cours de sa chute, est toujours faiblement acide. Dans cette expérience, on produit du CO_2 en attaquant à l'acide des fragments de carbonate de calcium. Ce gaz carbonique passe ensuite dans l'eau distillée où il se dissout. Le papier indicateur montre que l'eau devient acide. Elle peut être alors agressive pour certains minéraux.

L'eau de pluie est un agent de l'altération météorique des roches.

UN MONDE GLACÉ Les pôles ont été pris par les glaces plusieurs

Louis Agassiz (1807-1873)
En 1837, le zoologiste américain d'origine suisse Louis Agassiz suggéra que l'Europe du Nord avait pu être couverte de glaciers. On retrouverait ainsi dans les vallées alpines les blocs arrachés plus en altitude par les glaces.

Les glaciers recouvrent encore plusieurs chaînes de hautes montagnes (p. 58-59). Les glaciers comme les calottes de glace eurent une extension bien supérieure au cours des phases de glaciation de ces deux derniers millions d'années. À présent, la Terre traverse un stade interglaciaire ; la couverture de glace de l'Antarctique et du Groenland est un vestige de la dernière glaciation. La calotte du pôle Sud a dû se former il y a 35 millions d'années, quand l'Antarctique s'est séparé des autres continents (p. 34-35). Cette rupture a permis aux courants marins d'isoler l'Antarctique des eaux tropicales chaudes (p. 33). La glace naît de la compaction (tassement) progressive de la neige, cette neige résulte de l'évaporation de l'eau des océans ; donc, pendant une glaciation, le piégeage de l'eau sous forme de glace fait baisser le niveau marin. Lors de la dernière glaciation, il était possible de se rendre à pied de France en Angleterre, le plateau continental étant partout entièrement émergé.

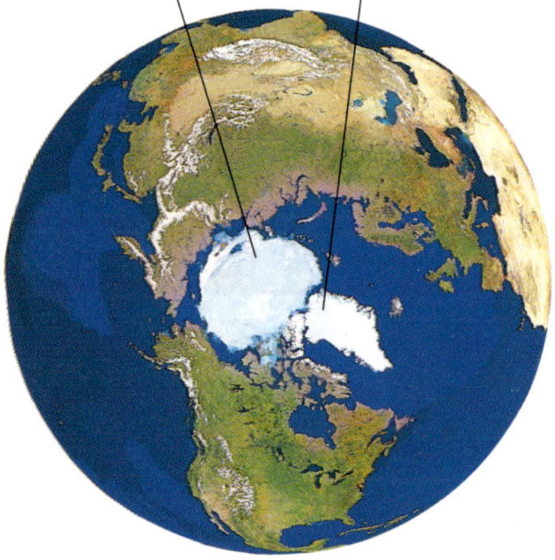

Les calottes polaires
Le pôle Sud est ceinturé par une calotte de glace épaisse de 2,5 km en moyenne, qui recouvre l'Antarctique et le déborde même, flottant sur l'océan. Il n'y a, au contraire, pas de terre au pôle Nord mais une calotte flottant sur l'eau. On peut gagner le pôle Nord en sous-marin sous la calotte glaciaire. Les calottes emprisonnent beaucoup d'eau.

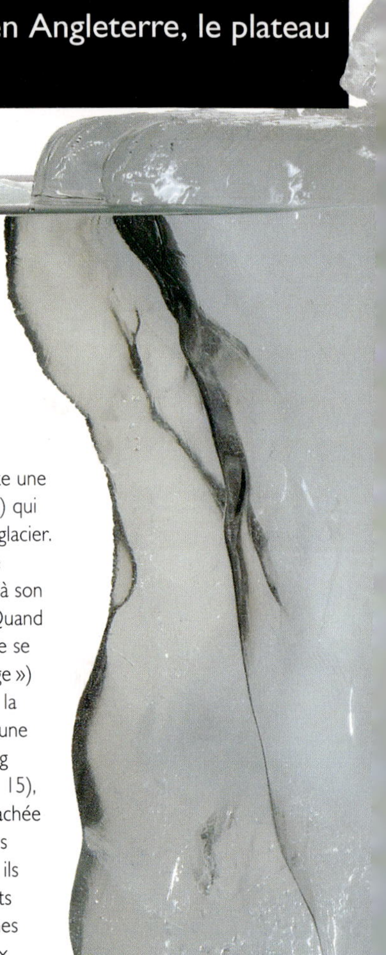

Les icebergs
Sur les terres polaires (Antarctique au sud et Groenland au nord) existe une calotte glaciaire (inlandsis) qui se comporte comme un glacier. La neige s'accumule et se transforme en glace, qui, à son tour, glisse vers la mer. Quand la glace atteint la mer, elle se brise (on parle de « vêlage ») en icebergs qui partent à la dérive sur l'océan. Seule une petite portion de l'iceberg émerge de l'eau salée (p. 15), la majeure partie reste cachée sous la surface. Quand les icebergs naissent à terre, ils arrachent au sol des galets et des fragments de roches qu'ils emportent avec eux. Les icebergs ainsi surchargés s'enfoncent plus encore dans l'eau.

La banquise
Explorer les régions polaires exige de braver la banquise et les icebergs, au milieu desquels les navires polaires fraient leur chemin. Grâce à leur coque renforcée, les bateaux brise-glace peuvent ouvrir leur chemin ou résister à la glace qui tend à les emprisonner. L'étendue et la cohésion de la banquise dans les deux hémisphères, parfois appelée le pack, changent entre l'hiver et l'été.

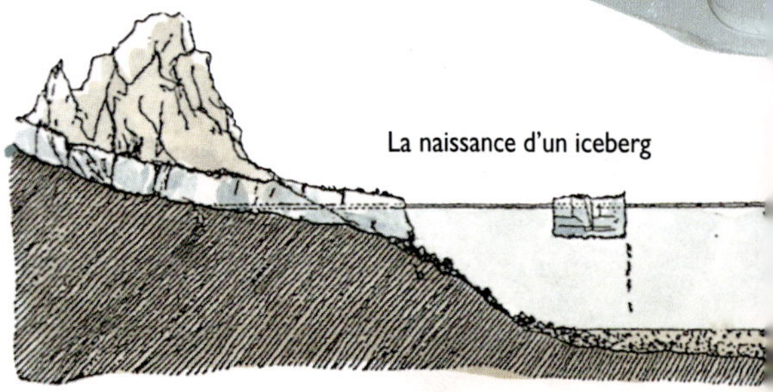

La naissance d'un iceberg

Produits chimiques servant à l'étude des roches

Coupelle avec lampe à alcool pour chauffer les produits chimiques

Scott le scientifique

Le capitaine britannique Robert Scott (1868-1912) mourut sur le chemin du retour d'une expédition au pôle Sud. Son équipement comportait un laboratoire portatif (ci-dessus) qui lui avait permis d'étudier la chimie des roches prélevées au cours de son voyage.

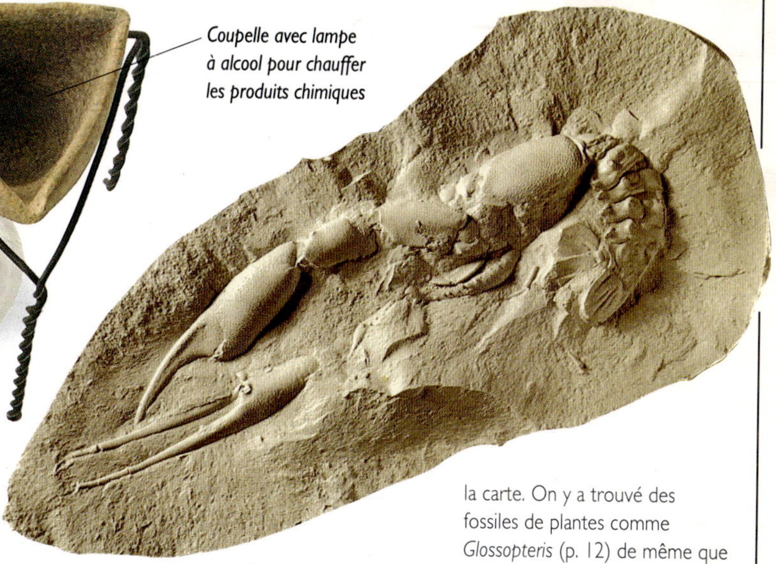

Un homard fossile

Bien que le continent antarctique soit couvert à 98 % par les glaces, les géologues ont pu en dresser la carte. On y a trouvé des fossiles de plantes comme *Glossopteris* (p. 12) de même que des crustacés fossiles. Ce homard issu de roches crétacées a 80 millions d'années.

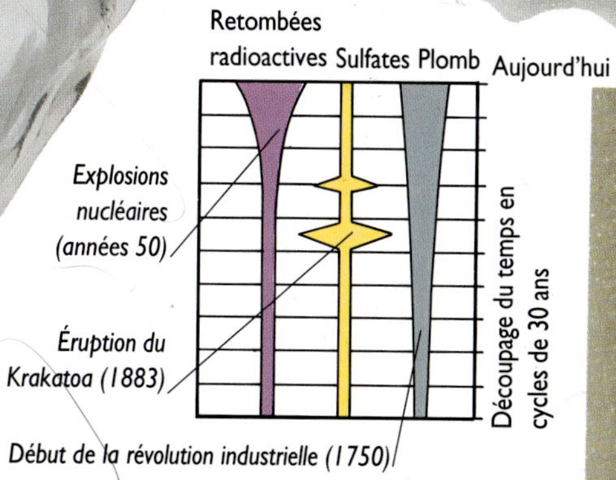

L'analyse des carottes de glace

Cette carotte a été prélevée dans l'épaisseur de la glace et expédiée au laboratoire pour y être étudiée. Des échantillons régulièrement espacés y sont prélevés pour analyse, afin de reconstituer l'évolution de l'atmosphère et du climat, comme on pourrait le faire pour une carotte sédimentaire prélevée dans la Méditerranée (p. 13). La glace est mise à fondre dans des conditions stériles pour éviter toute contamination.

Le diagramme illustrant les résultats montre les teneurs en gaz atmosphériques et en produits chimiques rencontrés dans les glaces.

L'étude des glaces polaires

La glace naît de l'accumulation de la neige au cours de milliers d'années (p. 59). Elle retient prisonnières des bulles de gaz atmosphériques et des particules transportées par les vents. Ces indices permettent d'étudier, à partir d'une carotte de glace, les cendres provenant de grosses éruptions volcaniques, l'évolution de la composition de l'atmosphère ou les retombées radioactives des essais nucléaires des cinquante dernières années.

Toute substance résulte d'une combinaison d'éléments chimiques parmi plus d'une centaine. Les atomes des différents éléments peuvent se lier les uns aux autres par divers types de liaisons chimiques, formant ainsi des molécules capables à leur tour de s'assembler en composés. Quelques éléments seulement construisent l'essentiel des composés présents à l'état naturel et appelés les minéraux. Toutes les roches sont faites de minéraux. La plupart de celles de la croûte terrestre ne contiennent que huit éléments : oxygène, silicium, aluminium, fer, calcium, magnésium, sodium et potassium. Le silicium et l'oxygène prédominent.

Silicium en médaillon
L'élément chimique silicium n'existe pas à l'état naturel. On le trouve toujours combiné à l'oxygène dans les silicates. Il faut beaucoup d'énergie pour le séparer de l'oxygène en laboratoire. La première fois qu'on l'a isolé, il fut considéré comme une substance précieuse, digne d'être montée en médaillon. Aujourd'hui, l'industrie électronique en a fait la matière première des microprocesseurs.

L'or dans la nature
L'or, à la fois élément chimique et minéral, se rencontre sous forme de filons dans les roches, où il est pratiquement pur (au maximum à 99 %). L'industrie l'utilise souvent en alliage avec l'argent. L'or forme des cristaux cubiques à l'éclat brillant ; il est lourd mais peu résistant : on le coupe au couteau.

UN MONDE CRISTALLISÉ

La plupart des minéraux sont cristallisés. Dans un cristal, les atomes sont disposés selon un arrangement régulier. C'est au minéralogiste d'identifier les cristaux et de déterminer leur localisation, leur mode de gisement et leur usage éventuel.

Désert du Nouveau-Mexique (États-Unis)

Un désert de sable blanc
Ce sable blanc n'est fait que de gypse, un sulfate de calcium (p. 50-51). Ses cristaux contiennent de l'eau. Dans la nature, ils sont incolores, transparents ou quelquefois blancs. On en tire le plâtre.

Les minéraux sont classés selon une échelle de dureté. Le gypse est rayé par l'ongle.

Les éléments dans la croûte terrestre
La croûte, ou lithosphère, est la couche solide la plus externe du globe (p. 6-7). Son volume est presque entièrement occupé par de gros atomes d'oxygène, les autres éléments chimiques occupant l'espace laissé vacant. Les petits atomes de silicium se glissent entre quatre atomes d'oxygène. Les autres éléments les plus abondants de la croûte sont ceux qui se combinent au silicium et à l'oxygène et qui s'incorporent dans l'architecture des silicates, formant ainsi des minéraux courants, tels que feldspaths, pyroxènes, amphiboles, olivines et micas.

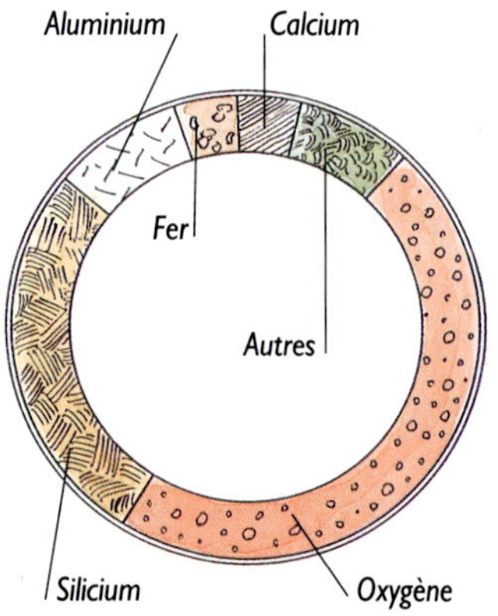

Les proportions des éléments dans la croûte

Les différents silicates
Deux silicates pratiquement opposés sont le talc, cette poudre cosmétique bien connue, et le béryl. Le talc est un silicate de magnésium riche en eau. Le béryl peut être coloré diversement ; sa variété d'un vert brillant, aux cristaux durs et transparents, est une pierre précieuse recherchée : l'émeraude. Le béryl est un silicate d'aluminium qui contient un élément rare : le béryllium.

Les silicates
Le silicium et l'oxygène peuvent se combiner, donnant naissance au quartz. Le sable des plages est très souvent fait de grains de quartz. Dans les silicates, les atomes de silicium sont entourés de 4 atomes d'oxygène : le tétraèdre de silice.

Le tétraèdre de silice est l'élément de base de tous les silicates.

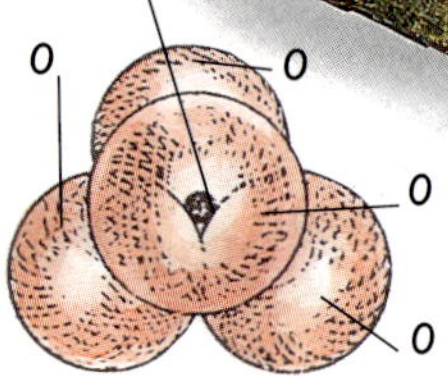

Béryl

Talc

Reconnaître les minéraux

À première vue, la calcite, le gypse et le quartz se ressemblent. Tous trois sont utilisés dans l'industrie, il est donc important de savoir les distinguer. Les minéraux diffèrent par leur aspect, leur couleur ou selon qu'ils sont transparents (on peut voir à travers), translucides (la lumière passe à travers) ou opaques (aucune lumière ne les traverse). D'autres propriétés importantes sont la dureté, la patine, la couleur de la trace qu'ils laissent sur la porcelaine non émaillée, la densité ainsi que la forme des cristaux. Des analyses plus sophistiquées sont menées en laboratoire (p. 23).

Calcite

Gypse

Quartz

Quel est ce minéral ?

Pour déterminer les minéraux d'un fragment de roche, le géologue observe à la loupe la forme des minéraux, leur texture, leur patine et leur couleur. Il fait ensuite un test à l'acide.

1 Le test à l'acide

On verse une goutte d'acide chlorhydrique dilué sur la zone à étudier. S'il y a effervescence (le dioxyde de carbone se dégage en bulles), il s'agit d'un carbonate, par exemple la calcite.

Une goutte d'acide est versée sur la roche.

L'effervescence montre que la calcite est un carbonate.

Roche contenant de la calcite, du gypse et du quartz

2 Le test de dureté

L'échelle de Mohs permet de mesurer la dureté des minéraux. Le talc, le plus tendre, occupe le degré 1 ; le diamant, le plus dur de tous, est au degré 10. Un couteau est utilisé ici pour faire le test. Sa lame en acier a une dureté de 6, il ne raye donc pas le quartz qui est de dureté 7 sur l'échelle de Mohs, mais il raye la calcite (degré 3 de l'échelle) et le gypse, plus tendre, encore plus facilement (degré 2).

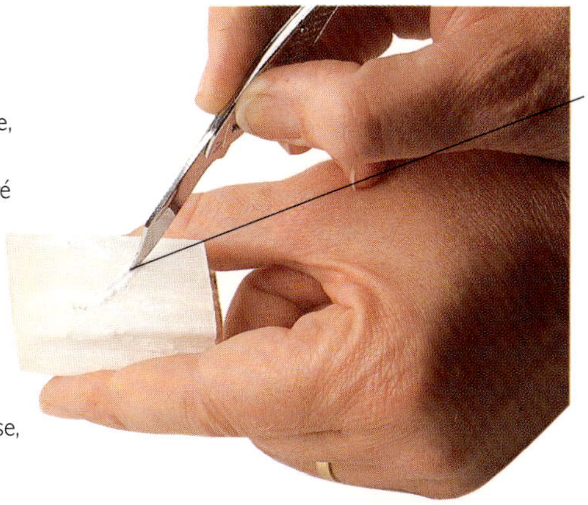

La lame en acier raye le gypse.

3 Reconnaître le quartz

Un autre outil de détermination de la dureté des minéraux est un fragment de vitre (dureté 5 sur l'échelle de Mohs). La calcite plus tendre (dureté 3) ne raye pas le verre, pas plus que le gypse (dureté 2). Le quartz est le seul des trois capable de rayer le verre ou le marteau du géologue sur le terrain.

Le quartz raye le verre.

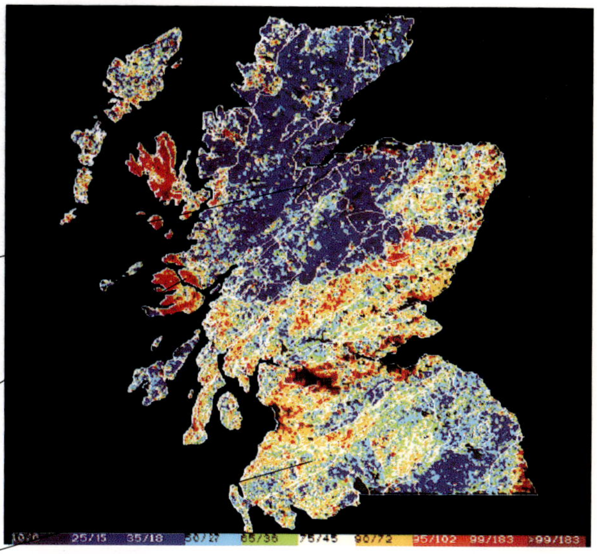

Bleu : basses teneurs en cuivre

Rouge : fortes teneurs en cuivre

Jaune : données non fiables

Concentration de cuivre en Écosse

L'abondance des différents minéraux dans les sédiments fluviatiles est estimée en prélevant des échantillons tous les kilomètres. On entre ensuite les résultats dans un ordinateur qui les restitue sur des cartes. Celle-ci (ci-dessus), montrant les concentrations de cuivre en Écosse sert à l'exploration minière ou à la détermination des contaminations ou des pollutions dans l'environnement. Les fortes teneurs apparaissent ici en rouge sombre. Les fortes teneurs en cuivre peuvent aussi être uniquement le résultat de l'activité industrielle, sans lien avec la nature du sol.

La première classification minéralogique, *De Natura Fossilium*, fut rédigée en latin par Agricola (p. 8), au XVIe siècle. Le terme « fossile » signifiait alors « trouvé dans le sol » ; ce qui impliquait surtout les roches et les minéraux. Agricola a fondé ses écrits sur l'observation directe de la nature et non sur les raisonnements *a priori* qui caractérisaient les textes des Grecs anciens et, plus tard, des alchimistes. Au XVIIIe siècle, appelé le siècle des Lumières, de nombreux penseurs s'interrogèrent sur l'origine de la Terre. Les voyages, devenus plus faciles, permirent aux géologues d'étudier les roches en divers endroits du monde.

James Dwight Dana
James Dwight Dana (1813-1895) est un géologue américain surtout connu pour son livre *Traité fondamental de minéralogie* (1837). Il a suggéré le premier que les paysages étaient façonnés par l'altération et l'érosion, alors que ses prédécesseurs invoquaient des événements soudains et catastrophiques, comme les tremblements de terre.

Neptunistes contre plutonistes

Une controverse scientifique fit rage dans l'Europe du XVIIIe siècle. Elle opposait les neptunistes, conduits par Abraham Werner, persuadés que les roches naissaient par sédimentation dans les océans, aux plutonistes, qui avaient à leur tête James Hutton (p. 8) et croyaient à l'origine volcanique de certains types de roches.

Neptune, le dieu de la mer pour les Romains

Les roches nées de l'eau
Le géologue allemand Abraham Werner (1750-1817) conçut la théorie neptuniste, selon laquelle toutes les roches naissent de la précipitation, à partir de l'eau de mer, d'éléments chimiques présents dans les océans sous forme dissoute. La réputation de Werner s'étendit grâce à l'éloquence de son enseignement et au zèle de ses étudiants. Les neptunistes s'opposèrent aux plutonistes. Leurs deux conceptions mettaient chacune en évidence un processus de formation des roches bien réel.

Abraham Werner

Un géologue en action

Les géologues sur le terrain
Les géologues se répartissent entre différentes spécialités : la paléontologie (l'étude des fossiles), la pétrographie (l'étude de la structure et de la composition des roches), la géochimie (l'étude de la composition chimique de la croûte terrestre) et la géophysique (l'étude des propriétés physiques du globe terrestre). Sur le terrain, ils observent, prennent des notes, des photos et recueillent des échantillons qu'ils étiquettent et enveloppent avant de les apporter au laboratoire qui les analysera.

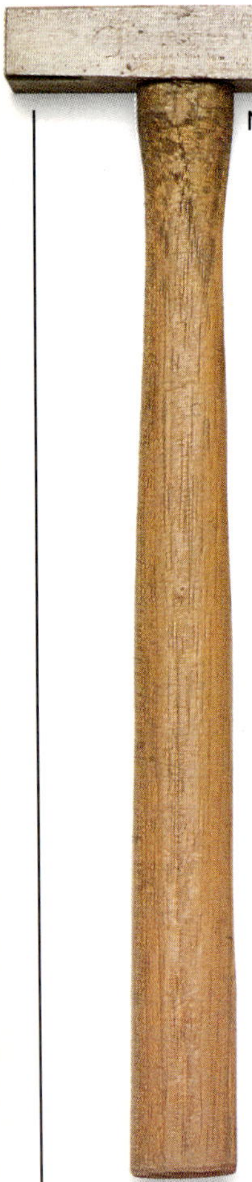

Marteau de géologue

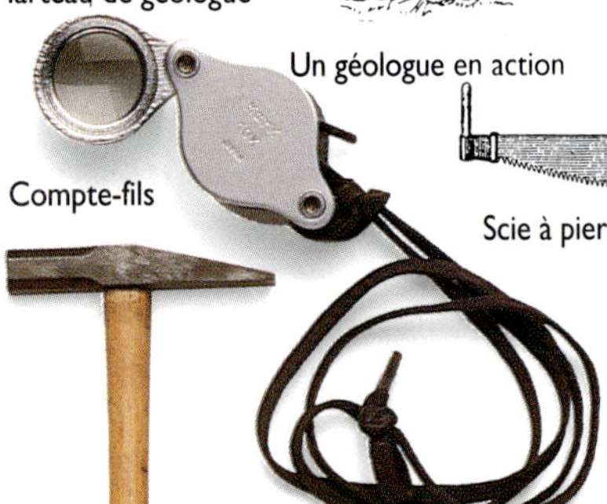

Compte-fils

Scie à pierre tendre

Les outils
Le géologue « rafraîchit » l'affleurement de roches avec son marteau avant de prélever des échantillons non altérés par les agents météoriques (essentiellement l'eau de pluie), en s'aidant de burins et du petit marteau pour retailler les morceaux de roche.

Les premières cartes géologiques
Les premières cartes géologiques systématiques furent publiées au début du XIXe siècle. Il y avait eu auparavant des tentatives isolées de cartographie des sols. Les cartes montrent les caractères du relief et indiquent les roches présentes à l'affleurement en les distinguant par des couleurs différentes selon leur âge ou leur type. William Smith (1769-1839) (p. 26) publia en 1815 la première carte géologique de la Grande-Bretagne.

Marteau pour façonner les échantillons

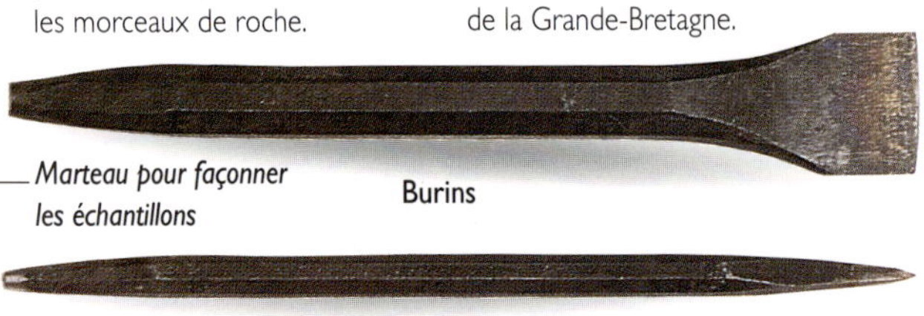

Burins

Cette carte géologique du Gloucestershire (comté de l'ouest de la Grande-Bretagne, entre le Pays de Galles et les sources de la Tamise) dressée par Smith date de 1819.

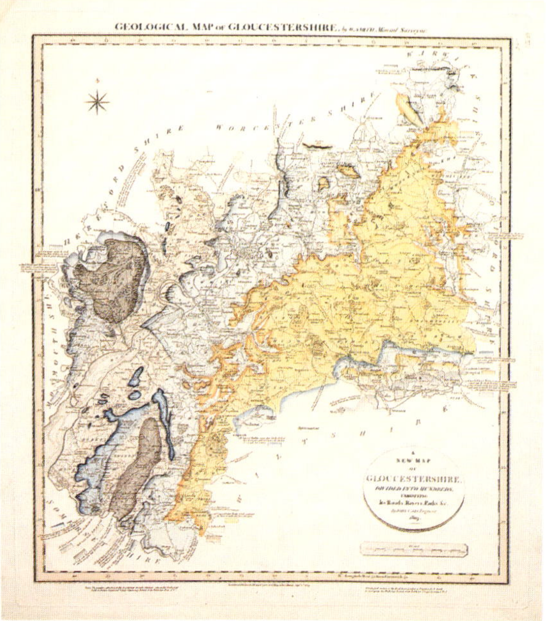

Les minéraux

Ce granite grossier permet de reconnaître à l'œil nu les minéraux qui le composent. On distingue les feldspaths grâce à leurs faces anguleuses : cristallisant les premiers dans un magma se refroidissant (p. 25), leurs cristaux croissent sans contrainte et prennent des formes régulières. Les cristaux de quartz, gris et à l'éclat vitreux, se forment plus tard ; ils occupent les vides entre les feldspaths. Les micas sont des paillettes brillantes, noires ou blanches.

Mica

Quartz

Feldspath

Granite à grands cristaux

Le goniomètre

L'arrangement interne des atomes est typique de chaque minéral. Cela se traduit, au niveau de la forme générale des minéraux, par des angles constants et caractéristiques entre les faces des cristaux. Pour les plus gros cristaux, ces angles peuvent être mesurés avec un goniomètre, mais la plupart du temps cet outil est trop encombrant vu la petite taille des cristaux. On a alors recours aux rayons X.

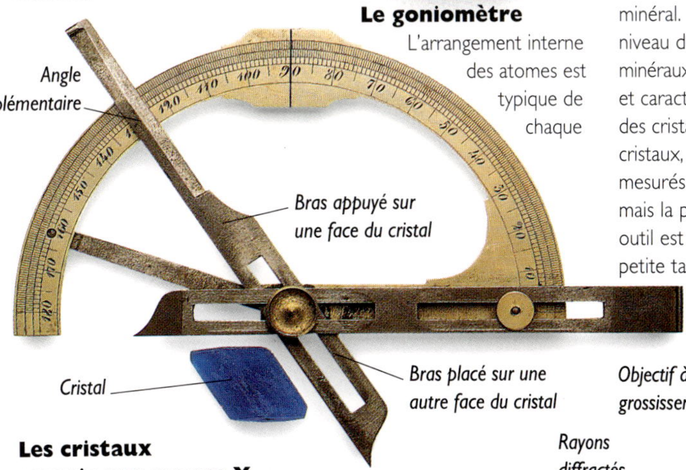

Les rayons X constituent l'outil de base le plus en usage actuellement pour étudier la structure fine des cristaux (à l'échelle atomique).

Les cristaux soumis aux rayons X

Les atomes des cristaux sont régulièrement disposés selon des plans – appelés plans réticulaires – dont l'écartement est constant et caractéristique de chaque espèce minérale. Pour mesurer les distances entre plans réticulaires, on soumet les cristaux aux rayons X. Les plans réticulaires les diffractent dans des directions bien précises, impressionnant ainsi un film photographique. On obtient alors un diffractogramme, véritable carte d'identité de chaque minéral.

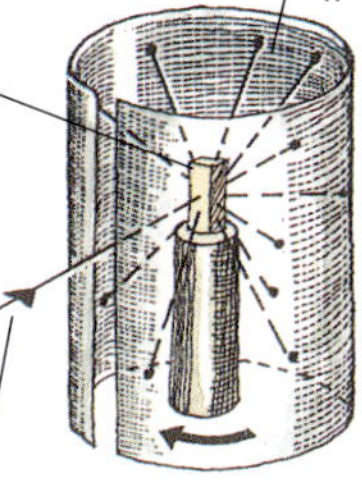

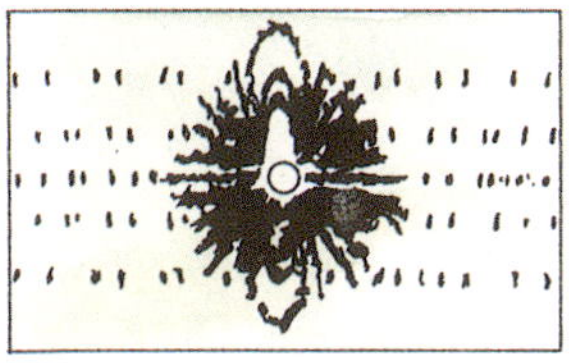

Diffractogramme

Lame de gabbro observée en lumière polarisée et analysée (dite lumière polarisée)

Lame de gabbro observée en lumière polarisée (dite lumière naturelle)

L'usage des polariseurs

Les pétrographes observent au microscope, en lumière polarisée, des lames minces taillées dans les roches. À partir de la couleur et de la forme des minéraux et de leur disposition relative, ils peuvent les identifier. Un second polariseur crée des interférences lumineuses caractéristiques.

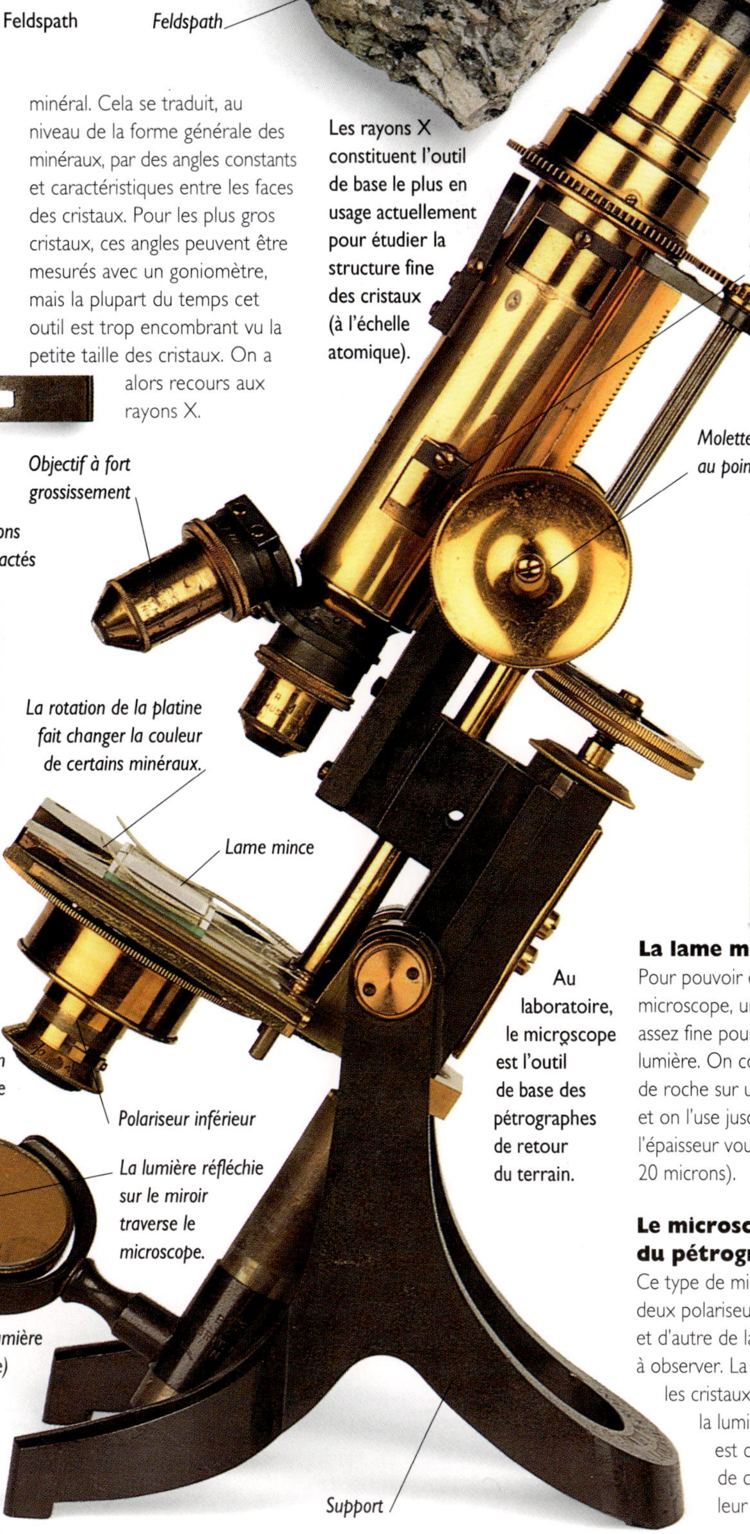

Au laboratoire, le microscope est l'outil de base des pétrographes de retour du terrain.

La lame mince

Pour pouvoir être observée au microscope, une roche doit être assez fine pour laisser passer la lumière. On colle un morceau de roche sur une lame de verre et on l'use jusqu'à ce qu'il ait l'épaisseur voulue (moins de 20 microns).

Le microscope du pétrographe

Ce type de microscope possède deux polariseurs, placés de part et d'autre de la lame mince à observer. La manière dont les cristaux diffractent la lumière polarisée est caractéristique de chacun et permet leur identification.

Les roches ignées constituent le matériel primaire, apparu le premier à la surface de la Terre, lors du refroidissement de la planète. On appelle magma le matériel en fusion qui se solidifie et cristallise en donnant toute la gamme des minéraux rencontrés dans les roches ignées. Il est produit en permanence à l'intérieur du globe. Comme ce phénomène n'est pas observable, les scientifiques doivent en deviner le mécanisme. Grâce à l'activité permanente du Vésuve au XVIIIe siècle, le minéralogiste français Déodat de Gratet de Dolomieu (1750-1801) a pu étudier les éruptions volcaniques. Il était convaincu que les laves naissent en profondeur. Certains magmas se solidifient à l'intérieur de la croûte : on parle d'intrusions magmatiques. Au début du XXe siècle, le minéralogiste canadien Norman Bowen (1887-1956) a fait fondre des mélanges de silicates pour reproduire en laboratoire les magmas naturels et étudier l'ordre d'apparition des différents cristaux. Les premiers formés sont ceux qui sont riches en oxydes de fer car ils ont la température de fusion la plus élevée. Les minéraux suivants résultent de l'interaction entre les premiers formés et le magma résiduel, dont la composition évolue progressivement.

Déodat de Gratet de Dolomieu (1750-1801)

Une montagne usée jusqu'à la racine

Lors de la constitution des montagnes, des roches surgissent des profondeurs et sont portées en altitude (p. 46-47). Alors que les montagnes poursuivent leur croissance pendant des millions d'années, l'érosion les rabote progressivement. Cet affleurement de granite fait partie d'un type d'intrusion magmatique appelé batholite (p. 51) ; il s'est formé à des kilomètres de profondeur dans la croûte terrestre. De toute la chaîne de montagnes qui se trouvait là, l'érosion n'a laissé que ce chicot de granite, qui se dresse dans le Massif Armoricain.

Granite du Massif Armoricain

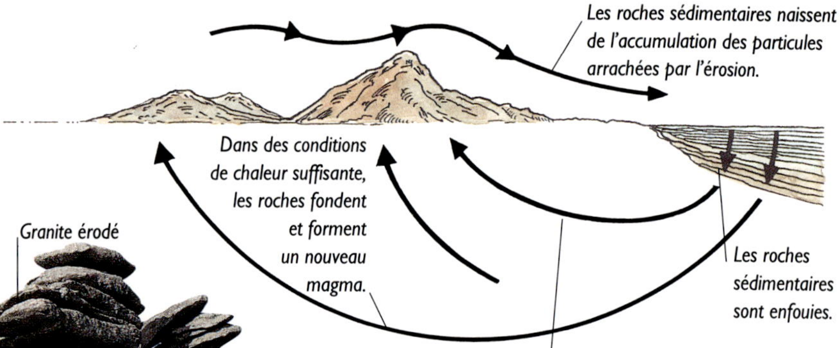

Les matériaux de la croûte terrestre sont recyclés perpétuellement à des rythmes variables.

Le cycle des roches

Les roches ignées issues des magmas s'altèrent à la surface de la Terre. Les particules arrachées donnent naissance à des roches sédimentaires (p. 26-27) après avoir été transportées. Dans certaines conditions de pression et de température, celles-ci deviendront des roches métamorphiques (p. 28-29), voire de nouveaux magmas.

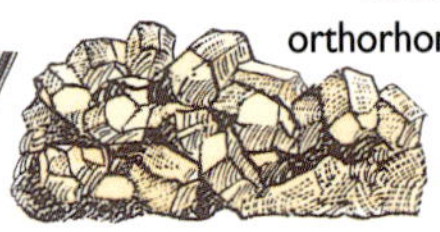

Cristaux orthorhombiques

Cristaux monocliniques

Les cristaux de grande taille

Quand un magma refroidit lentement, il se forme des cristaux de grande taille car l'arrangement des atomes peut se faire aisément. Le soufre donne des cristaux de forme orthorhombique ou monoclinique, selon la température de cristallisation. Dans le granite ci-dessus, qui s'est refroidi pendant plus d'un million d'années, certains cristaux atteignent 5 cm de long.

La fusion des cristaux

Le soufre fondu peut cristalliser en aiguilles autour des évents des volcans ou des sources hydrothermales.

La trempe des minéraux

Un liquide refroidi brutalement peut se figer en une structure vitreuse qui ne présente pas l'habituel arrangement ordonné de ses cristaux. Selon qu'elle est cristallisée ou vitreuse, une substance n'a pas le même aspect. Le soufre ainsi figé est déformable. Un bain silicaté ou un magma refroidi brutalement donnent du verre naturel.

Le recyclage du magma

Le magma naît dans le manteau, il migre vers la surface de la Terre où il s'épanche sous forme de basalte. Ce dernier donnera des coulées de lave formant ainsi le plancher océanique. Quand le plancher plonge dans le manteau (subduction), le basalte fond partiellement et donne un nouveau magma. L'évolution de sa composition chimique au cours de son ascension le transformera progressivement en granite.

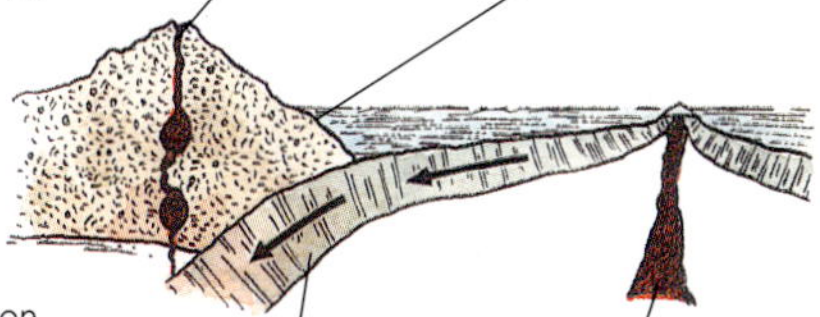

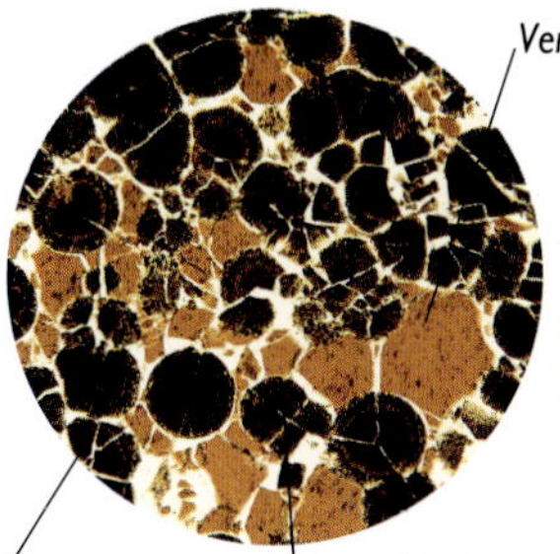

Lame mince d'obsidienne vue au microscope

L'obsidienne

L'obsidienne est un verre naturel, né d'un magma refroidi trop soudainement pour avoir pu cristalliser. Les atomes ne sont pas ordonnés régulièrement comme dans les cristaux. L'obsidienne est une pierre semi-précieuse.

Lame mince de felsite vue au microscope

Les felsites

Dans cette felsite, les grands cristaux de quartz et de feldspath ont eu le temps de cristalliser lentement avant l'éruption, mais les autres ont été stoppés dans leur croissance.

Lame mince de granite vue au microscope

Le granite

Cette roche est celle qui a refroidi le plus lentement. Granite, felsite et obsidienne ont la même composition chimique, leurs différences résultent de leur vitesse de refroidissement.

LES ROCHES SÉDIMENTAIRES CELLES-CI ENREGISTRENT TOUS LES

Toutes les roches, au contact de l'eau ou de l'atmosphère, s'altèrent progressivement (p. 50-51), aussi résistantes qu'elles paraissent. L'eau s'infiltre entre les minéraux et attaque la roche en la dissolvant chimiquement. Les grains désolidarisés partent avec l'eau de pluie ou le vent et vont se sédimenter ailleurs. Dans ce nouveau milieu de dépôt, des couches de sédiments s'empilent peu à peu, emprisonnant parfois des débris organiques comme des plantes ou des restes de micro-organismes. Progressivement, les sédiments se compactent et l'ensemble durcit. Les eaux souterraines circulent dans les sédiments et les cimentent en précipitant dans les pores des minéraux présents jusqu'alors sous forme dissoute. Les sédiments deviennent roches sédimentaires grâce à cette lithification. En comprenant la formation des sédiments actuels, on peut reconstituer les environnements de dépôt du passé – les paléoenvironnements – et reconstituer la paléogéographie des continents au cours des millions d'années écoulées.

Une carrière de sable
Les couches de sable de cette carrière sont âgées d'environ 100 millions d'années. Elles se sont déposées dans une mer peu profonde, au-dessous de la limite d'action des vagues. Les accumulations de sable traduisent généralement un milieu de dépôt agité, proche des rives, dit de haute énergie. Ces couches de sable sont surmontées d'un horizon d'argiles vertes à blocaux (p. 59). Ce sable est exploité pour l'entretien des terrains de golf ou de jeu et pour la filtration de l'eau potable dans les usines de retraitement.

William Smith
Dans les années 1790, ce géomètre-arpenteur anglais comprit que les strates sédimentaires profondes étaient plus anciennes que les superficielles et que des roches différentes ayant le même contenu fossile étaient contemporaines. Dix ans auparavant, le Français Jean-Louis Giraud-Soulavie (1753-1813) avait fait les mêmes observations dans le Vivarais.

Le grès
Ce grès est fait de grains de sable comme dans les déserts actuels (p. 55). Les grains sont visibles à l'œil nu. Les couches de sable à l'origine du grès résultent d'un tri des grains selon leur taille ou leur densité, opéré par le vent du désert. Certaines couches seront teintées en vert ou en noir par des minéraux accessoires, plus lourds que les grains de quartz ordinaires.

Grain de quartz

Lame mince de grès observée au microscope

Les grains de quartz sont inaltérables chimiquement ; ils peuvent seulement être usés par de longs transports.

Grès rouge

Texture régulière

La formation des sédiments
Les sédiments sont constitués de fragments de roches anciennes – sables ou cailloutis – arrachés, par exemple, par des pluies violentes. Avec les particules des sols (p. 52-53), ces sédiments meubles sont emportés par les cours d'eau, ils se déposent quand le courant diminue et que la capacité de transport de l'eau devient ainsi plus faible. L'eau des rivières est toujours troublée et colorée par les sédiments qui s'y trouvent en suspension : vase, sable, cailloux (p. 57), etc.

Galet

Calcaire coquillier

L'origine du pétrole

Le pétrole provient, des millions d'années après, du phytoplancton marin piégé dans les sédiments. L'accumulation progressive de ces sédiments s'accompagne d'une élévation de la température qui transforme la matière organique en hydrocarbures. Ce pétrole occupe l'espace poreux de roches perméables (p. 15).

Le calcaire

Certains organismes aquatiques transforment le bicarbonate de calcium dissous dans l'eau en carbonate de calcium, qui est solide. Les animaux construisent ainsi leur coquille ou leur squelette, et les plantes sont parfois recouvertes d'une pellicule de fins cristaux. La désagrégation chimique ou mécanique de ce calcaire le transforme en une boue à grains très fins.

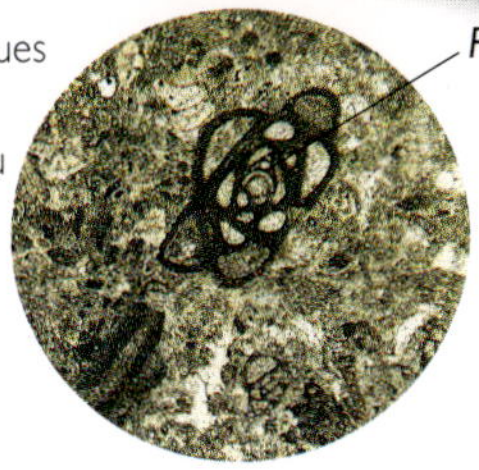

Lame mince de calcaire observée au microscope

Carotte forée dans un grès

Pétrole

Les argilites

Les minuscules feuillets d'argiles et les limons sont les plus petites particules sédimentaires issues de l'érosion des roches plus anciennes.
Les argiles dérivent de l'altération des feldspaths, et les limons (on dit aussi le silt) sont des grains extrêmement fins de quartz ou de feldspaths. De tels sédiments se déposent dans les estuaires, les lacs ou les zones marines calmes.

Les conglomérats

Les sédiments contenant des galets arrondis, généralement inclus dans une matrice sableuse, sont des conglomérats.

À l'origine, il s'agit le plus souvent de dépôts fluviatiles. Les galets ont été transportés par le courant et agglomérés à du sable.

Les roches réservoirs

Quand les sédiments se transforment en roches, une partie de l'espace entre les particules sédimentaires n'est pas entièrement colmatée par la cimentation. Dans l'espace poreux de ce grès, 1,5 litre de pétrole était retenu piégé sous pression. Il n'est toutefois pas toujours possible d'extraire la totalité des fluides.

Les forages pétroliers

Quand les structures géologiques s'y prêtent, le pétrole peut s'accumuler dans des couches perméables, parfois en quantités importantes. Il est possible de détecter à terre ou en mer des réservoirs potentiels, présents en profondeur dans le sous-sol.

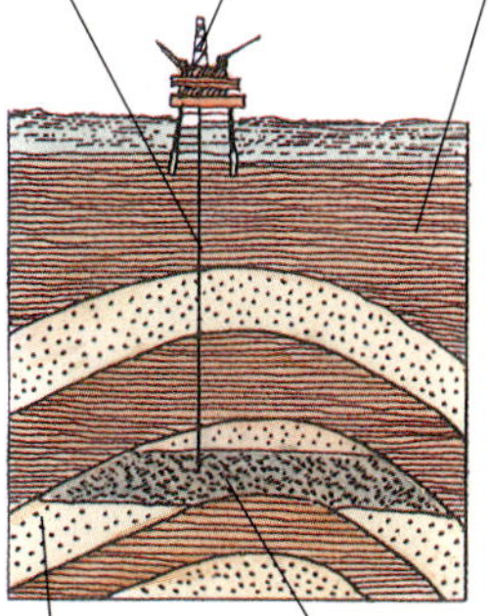

Les roches métamorphiques sont des roches qui ont été modifiées sous l'effet d'une augmentation de la pression ou de la température, voire des deux à la fois. À l'origine, elles pouvaient être des roches ignées ou sédimentaires, ou même déjà métamorphiques. Même si les roches ne fondent pas à proprement parler, le métamorphisme leur confère une nouvelle texture constituée de nouveaux minéraux (p. 23), ce qui s'accompagne d'une perte, parfois totale, des anciennes caractéristiques texturales ou minéralogiques. Un tel durcissement des conditions de pression et température fait partie des phénomènes impliqués dans la formation des chaînes de montagnes, comme dans la compression et le plissement.

Un expérimentateur
Le baron écossais sir James Hall (1761-1832), ayant rempli le fût d'un canon de calcaire réduit en poudre, et l'ayant scellé pour qu'il puisse résister à l'augmentation de pression, le fit chauffer dans sa fonderie : le calcaire se transforma en marbre. Une roche sédimentaire peut donc se métamorphiser…

Le cipolin, marbre rubané
Un calcaire pur (p. 27) est métamorphisé en marbre blanc. Quand le calcaire contenait des impuretés, le marbre est coloré. Beaucoup de roches métamorphiques montrent des plis ou des cassures, illustrant leur comportement souple ou cassant (p. 20) pendant la mise en place des montagnes.

LA BOUCLE EST BOUCLÉE

Il peut s'écouler énormément de temps – jusqu'à 100 millions d'années – entre l'instant où des sédiments se déposent au fond de l'océan et celui où ils sont suffisamment enfouis pour subir le métamorphisme et être transformés en roches cristallines ou ignées, achevant ainsi le cycle des roches. Les roches métamorphiques seront à nouveau exposées à l'altération lorsque la chaîne de montagnes sus-jacente aura été complètement érodée (p. 46-47).

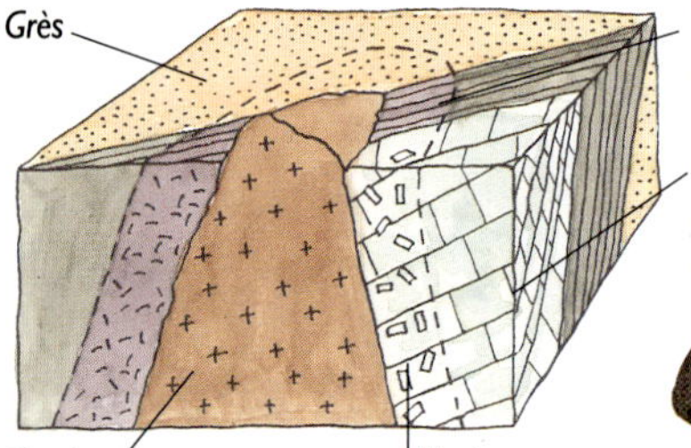

Le métamorphisme de contact
L'intrusion d'un batholite de granite dans la croûte supérieure provoque un métamorphisme à son contact, du fait de sa haute température.

Ici, seule intervient la température.

Les schistes à grenats
Dans les argilites, les minéraux induits par le métamorphisme sont d'abord les argiles qui recristallisent en s'orientant selon la pression, puis les grenats.

Ici, seule intervient la pression.

L'accroissement de la pression
Le métamorphisme est capable de transformer une pélite homogène en une roche cristalline. Il se manifeste d'abord par la cristallisation de minuscules feuillets de mica, alignés par la pression : l'ardoise (1). Les micas grandissent : ce sont les phyllites (2). On passe aux schistes (3) avec des conditions encore plus dures : les feuillets de mica sont de grande taille. Des cristaux de disthène croissent si la température est suffisante.

Le métamorphisme fait apparaître des micas ou des minéraux argileux plus ou moins proches (illite, chlorite). Les argiles ont donc plusieurs origines possibles.

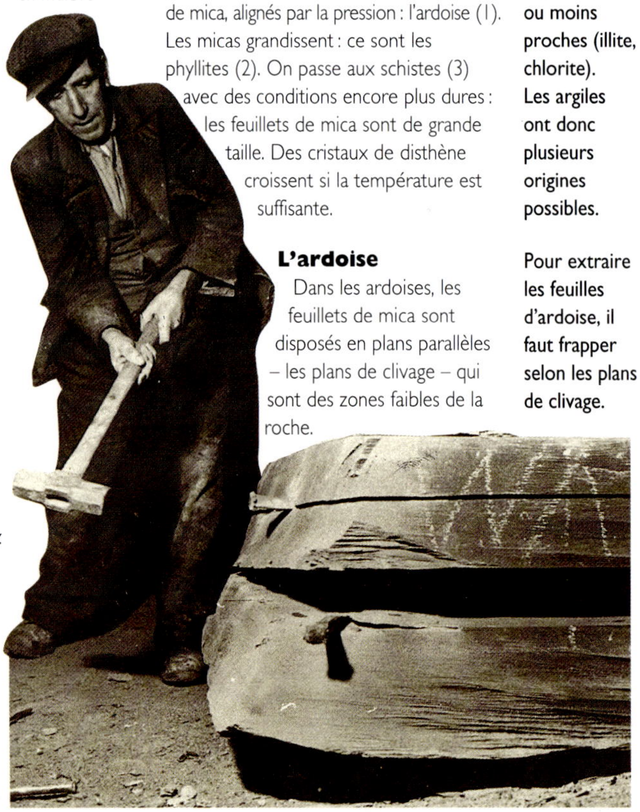

L'ardoise
Dans les ardoises, les feuillets de mica sont disposés en plans parallèles – les plans de clivage – qui sont des zones faibles de la roche.

Pour extraire les feuilles d'ardoise, il faut frapper selon les plans de clivage.

Pression croissante

1 - Ardoise

2 - Phyllite

3 - Schiste à disthène

Cristal d'andalousite

1 - Cornéenne à andalousite

Grenat

2 - Cornéenne à grenat

Pression et température croissantes

Zone riche en micas

Zone riche en quartz

3 - Migmatite

Température et pression

Les pélites, au contact d'un magma, deviennent des cornéennes et développent des cristaux d'andalousite (1). Le grenat apparaît alors si les conditions de pression-température sont plus dures (2). Lors d'un métamorphisme intense, les roches, sur le point de fondre, deviennent des migmatites (3).

Les niveaux à mica s'altèrent aisément.

Le métamorphisme régional

Ce gneiss appartient à un massif cristallin du nord de la France qui faisait partie d'une chaîne de montagnes érodée depuis longtemps. Un métamorphisme de cette ampleur (toute une région) ne se produit que dans des chaînes de montagnes.

Des recristallisations à l'état solide

Toutes les recristallisations se font à l'état solide, à l'instar de ce qui se produit lorsque l'acier est forgé. Les cristaux de métal réagissent aux coups du forgeron. À la jonction des cristaux, des atomes isolés fluent dans les interstices où la pression est moindre. Ils s'aligneront selon les structures ou s'y incorporeront.

Structure cristalline modifiée

Lame mince de titane

La texture de ce titane a été modifiée par un laminage à froid. Il a été aplati sans aucun échauffement.

Fusion et assimilation

Bien que rare, la fusion totale des roches survient au cours du métamorphisme dans la formation des chaînes de montagnes. Cela se produit au contact d'un batholite extrêmement chaud. Au gré de son ascension, le batholite est nourri par l'adjonction de magma né de la fusion des roches encaissantes (assimilation). Selon la nature des roches assimilées, la composition chimique du batholite évolue (contamination).

Les roches métamorphisées se déforment parfois mais fondent rarement (la pression est trop forte).

Barreau d'acier

Barreau porté au rouge

Le métal est chauffé à blanc.

La forme change sans fusion

Croissance de nouveaux cristaux dans le barreau

Le barreau est frappé au marteau.

Des formes complexes peuvent être forgées.

Le métal porté au rouge

Une barre d'acier banale peut être forgée en une œuvre d'art. La science du forgeron est d'orienter la croissance des cristaux pour obtenir la forme voulue.

Du métamorphisme à grands coups de marteau

La fin du XIXe siècle a vu les débuts de l'océanographie moderne. La mission confiée dans les années 1870 à l'équipage du navire scientifique anglais *Challenger* devait répondre aux questions suivantes : Y a-t-il de la vie au fond des océans ? Peut-on mesurer les courants marins pour confirmer les théories sur la circulation des masses d'eau océaniques ? S'il y a des sédiments au fond de l'océan, ressemblent-ils à la craie ? Le *Challenger* a rapporté certaines réponses mais ne parvint pas à expliquer les courants marins – on sait maintenant que de nombreux facteurs les déterminent. En sondant les fonds marins, le *Challenger* a découvert les montagnes intra-océaniques et la fosse des îles Mariannes (11 033 m de profondeur) dans le Pacifique.

Profondeurs mystérieuses
Jules Verne (1828-1905) s'est plu à évoquer dans deux de ses romans les profondeurs inaccessibles de la Terre. Dans *Vingt Mille Lieues sous les mers* (1870), il décrit les aventures au fond des océans de l'équipage du *Nautilus*, le navire submersible du capitaine Nemo, tandis qu'il raconte dans *Voyage au centre de la Terre* (1864) comment le professeur Lidenbrock, inspiré par la lecture d'un manuscrit ancien, entreprend de gagner le centre de la Terre. Le premier roman nous apparaît maintenant comme une vue prophétique de l'exploration sous-marine alors que le second demeure le rêve irréalisable du géologue.

Le Gulf Stream
Ce courant chaud, qui circule en surface dans l'Atlantique, cartographié au XVIIIe siècle par Benjamin Franklin, (courant du golfe en anglais) fut découvert très tôt par les explorateurs de retour du golfe du Mexique. Ils avaient noté que les eaux n'avaient pas la même couleur qu'ailleurs dans l'océan et que les navires allaient plus vite au retour qu'à l'aller.

Le premier tour du monde à la voile
De 1520 à 1522, l'expédition du Portugais Fernand de Magellan (1480-1521) fit le tour du monde. Il essaya de calculer la profondeur des océans parcourus, mais comme il s'efforçait de garder la terre en vue, il n'explora que des zones peu profondes de l'océan.

Un seul des cinq navires de l'expédition de Magellan revint au Portugal.

LES PRÉCURSEURS DE L'OCÉANOGRAPHIE

Jusqu'à la Première Guerre mondiale, l'océanographie a progressé surtout grâce à l'Américain Alexandre Agassiz (1835-1910), qui dirigea des opérations de dragage et de sondage des fonds marins à bord de l'*Albatross* (1899-1900 et 1904-1905), et au prince Albert Ier de Monaco (1848-1922), fondateur de l'Institut océanographique à Paris et du Musée océanographique à Monaco. Le prince réalisa en 1901 un chalutage à 6 035 m de profondeur au large des îles du Cap-Vert, ce qui restera un record pendant 40 ans, et de nombreuses croisières d'étude.

Des courants énigmatiques
La présence d'un physicien à bord du *Challenger* aurait peut-être permis de débrouiller l'écheveau complexe des nombreux mécanismes régissant les courants marins. Salinité, température, densité de l'eau, topographie des fonds marins, direction des vents dominants, effets de l'évaporation et régime des pluies sont autant de facteurs agissant sur les mouvements des masses d'eau.

Un hydromètre
Au cours de sa mission, le *Challenger* échantillonna l'eau de mer pour déterminer les variations de salinité et de température en fonction de la profondeur et du lieu. Cet hydromètre sert à mesurer la salinité. Grâce à ces prélèvements, le *Challenger* mit en évidence un courant froid et profond circulant en sens inverse du Gulf Stream (est-ouest).

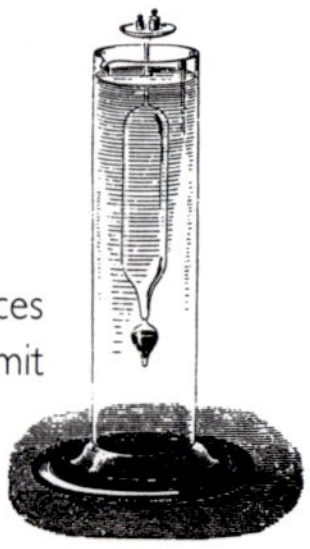

Hydromètre en suspension dans un liquide

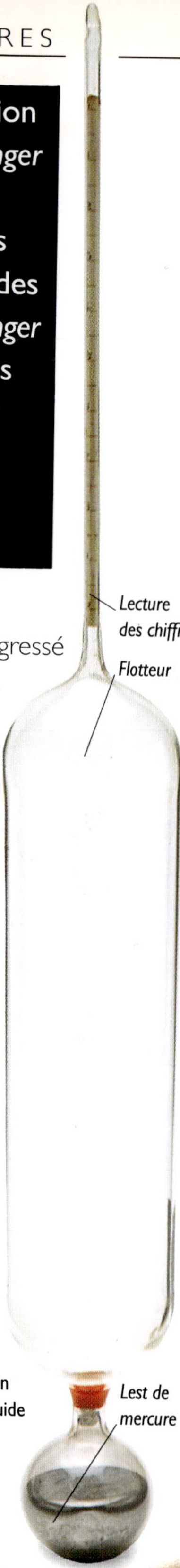

La navigation du *Challenger* dura de 1872 à 1875. 111 000 km furent parcourus pendant qu'on procédait à la collecte des échantillons et à des mesures concernant l'eau de mer.

Les sédiments dragués sont examinés à bord du *Challenger*.

Un foraminifère très présent

Les naturalistes embarqués à bord du *Challenger* ont décrit les sédiments dragués au fond des océans et leurs rapports avec la vie dans les eaux. Les échantillons ont montré que le foraminifère planctonique *Globigerina* vit dans les eaux de surface de la plupart des océans. À la mort des organismes, leurs tests (coquilles) tombent au fond et donnent un sédiment à grain fin, appelé boue à globigérines (p. 13).

Draguer les fonds marins

Le matériau des fonds marins fut prélevé grâce à des dragues et des carottiers. Même si les globigérines vivent en abondance dans les eaux de surface éclairées par les rayons du Soleil, on n'en trouve pas trace dans les sédiments des grands fonds marins, qui ne contiennent que des argiles rouges. Plus grande est la profondeur, moins on trouve la trace de la présence de ces organismes sur le fond. L'équipe du *Challenger* pensa à juste titre qu'au-delà d'une certaine profondeur les tests étaient dissous et que seules sédimentent les argiles rouges apportées par les vents.

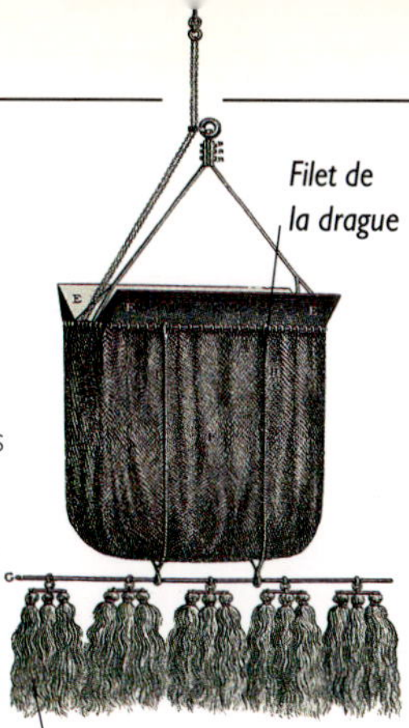

Filet de la drague

Le lest maintient la drague au contact du fond.

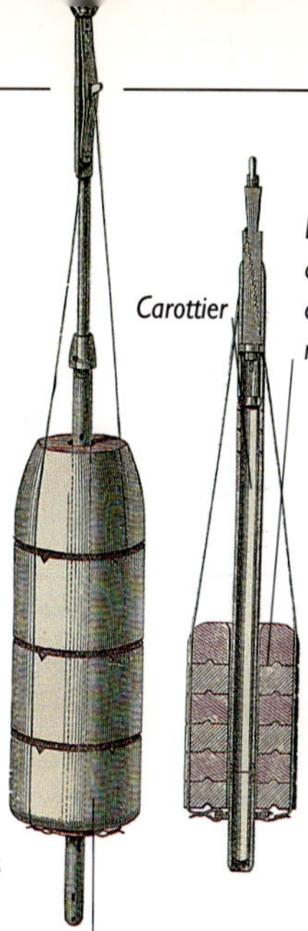

Carottier

Le lest se détache avant la remontée.

Les lests entraînent la ligne et font pénétrer le carottier dans le sédiment.

Enveloppe protectrice en laiton

Thermomètre à mercure

Lest suspendu

Échantillons sous verre

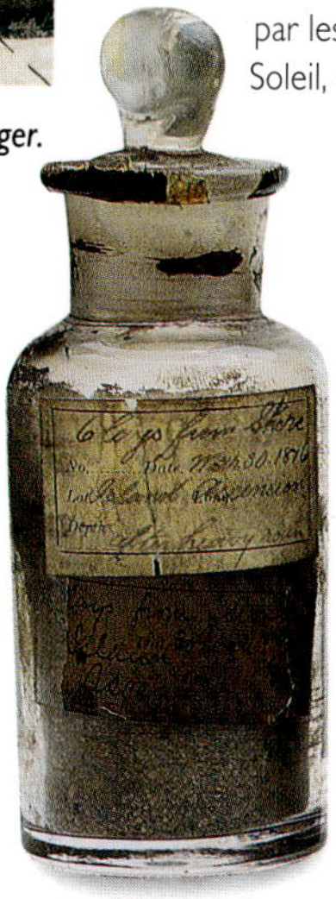

Argiles littorales

Boue à globigérines

Sable coquillier

Sédiment

Analyser les échantillons

Les travaux scientifiques sur les échantillons rapportés par le *Challenger* durèrent… vingt-trois ans. Il fallut en effet organiser l'envoi des échantillons aux scientifiques, les études et expériences, l'archivage, la rédaction et la publication des résultats. Les échantillons avaient été stockés en bouteilles, dont les étiquettes portaient de nombreuses indications.

Attache du filin en chanvre

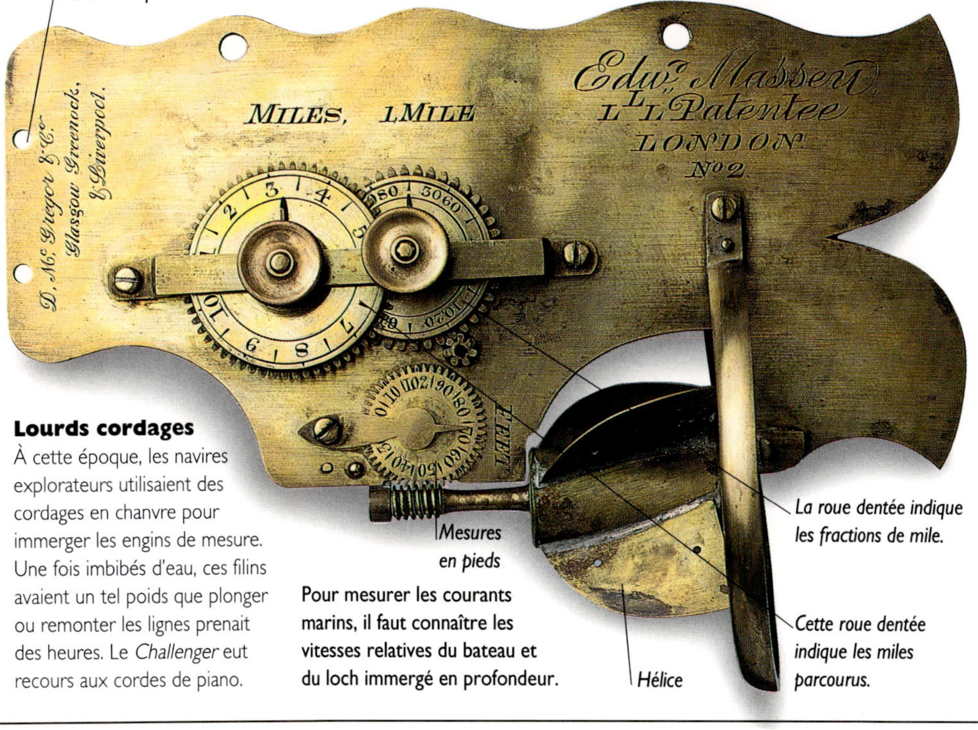

Mesures en pieds

La roue dentée indique les fractions de mile.

Cette roue dentée indique les miles parcourus.

Hélice

Pour mesurer les courants marins, il faut connaître les vitesses relatives du bateau et du loch immergé en profondeur.

Lourds cordages

À cette époque, les navires explorateurs utilisaient des cordages en chanvre pour immerger les engins de mesure. Une fois imbibés d'eau, ces filins avaient un tel poids que plonger ou remonter les lignes prenait des heures. Le *Challenger* eut recours aux cordes de piano.

Prendre la température

Les thermomètres utilisés à bord du *Challenger* ne permettaient de mesurer que les températures maximales et minimales.
On découvrit néanmoins qu'il peut exister des différences de température importantes entre les eaux de surface et celles des profondeurs.

L'exploration océanographique du XXe siècle a révolutionné notre vision et notre compréhension de la planète en révélant le relief du plancher océanique et la nature de ses roches. Au début des années soixante, les chercheurs ont vainement tenté d'atteindre par forage du fond des océans (projet « Mohole ») la limite entre la croûte et le manteau, appelée le Moho et déjà identifiée par l'exploration sismique (p. 40). C'est là, en effet, que le manteau est le moins en profondeur. En 1964, le *Glomar Challenger*, un navire de forage américain, commença à parcourir les océans en creusant les sédiments et le plancher océanique. Aujourd'hui, des cartes détaillées sont établies par des engins télécommandés, soit immergés et remorqués derrière des navires, soit embarqués à bord des satellites en orbite autour de la Terre. Ces équipements permettent aussi de simuler les courants marins par ordinateur.

La vie au fond des mers

L'obscurité règne dans les eaux profondes de l'océan. Si l'on veut comprendre comment et où vivent les organismes végétaux ou animaux des profondeurs, il faut connaître la quantité de lumière qui diffuse vers les fonds. La photosynthèse peut se produire même s'il ne passe que 1 % du rayonnement solaire. Des créatures telles que le poisson pêcheur, qui émet de la lumière et attire ainsi ses proies, contribuent à un certain éclairage des grands fonds. Le milieu océanique profond, que l'on croyait être un désert sans vie, est relativement peuplé.

La géologie des fonds marins

Les roches remontées par le *Glomar Challenger* ont permis de comprendre l'expansion des fonds océaniques (p. 38-39). Près des dorsales océaniques (une sorte de montagne sous-marine, p. 30, appelée aussi le rift, où le magma revient à la surface), le basalte est jeune, et plus on s'éloigne des dorsales, plus le basalte est ancien. De même, loin des dorsales, le basalte est recouvert de sédiments épais, parfois d'âge ancien, alors que près du rift, le basalte est juste saupoudré de sédiments très récents. En s'éloignant du rift, le plancher se refroidit et devient plus dense : il s'enfonce peu à peu.

Le *Glomar Challenger*

Des filets à plancton

La chaîne alimentaire océanique commence par la présence d'éléments nutritifs dissous dans l'eau de mer et répartis par les courants marins. Les plus petits organismes, végétaux ou animaux allant de l'algue microscopique à la petite crevette, forment le plancton, qui flotte passivement. Le plancton sert de nourriture aux organismes de taille supérieure. Les océanographes emploient des filets adaptés à la prise du plancton pour connaître la production planctonique et les proportions entre formes animales et végétales dans certaines zones de l'océan.

Grâce à l'activité photo-synthétique du phytoplancton, l'océan est la principale source d'oxygène de l'atmosphère.

Le plancton vu par satellite

L'observation par satellite permet d'établir des cartes de la répartition du plancton dans les eaux de surface – ici du Pacifique et de l'océan Indien. Les images satellites rendent compte des variations de température ou de salinité des eaux des océans. Même faibles, ces modifications influencent profondément les courants marins.

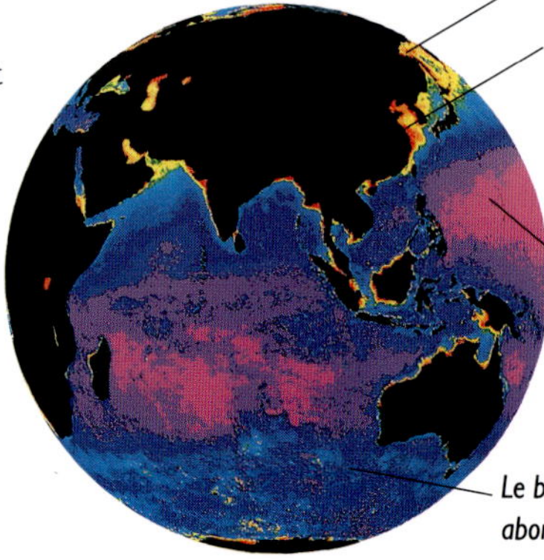

Le jaune indique une abondance moyenne du plancton.

Le rouge indique les zones de plus forte densité en plancton.

Le rose indique les zones de plus faible densité en plancton.

Le bleu indique une faible abondance du plancton.

Cet instrument fournit des informations sur la structure profonde sous le fond de la mer.

Sonar installé sur le côté du TOBI

Des « images sonar »

Au-delà de quelques centaines de mètres sous l'eau, l'obscurité très forte est peu propice à l'observation directe des fonds marins. Il faut avoir recours à des procédés d'imagerie fondés sur les propriétés physiques des roches. Ils fournissent des images précises qui permettent la réalisation de cartes des fonds marins.

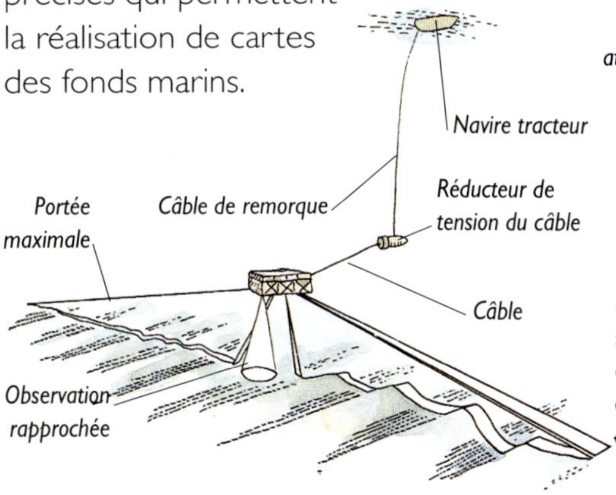

Le TOBI permet de visualiser la structure des sédiments sur plusieurs centaines de mètres d'épaisseur.

Modéliser les courants marins

Cette modélisation représente la circulation des courants marins autour de l'Antarctique. Les courants jouent un rôle majeur sur nos climats ; par conséquent, si l'on peut établir aujourd'hui des cartes qui rendent bien compte des courants, elles permettront de prévoir d'éventuels changements climatiques.

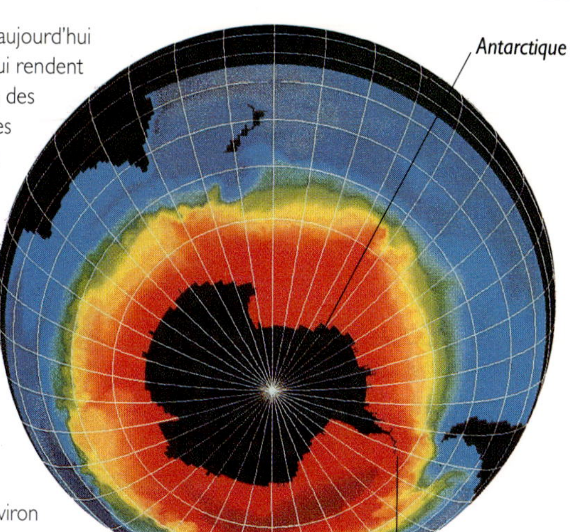

Simulation des courants marins

Les courants sont forts là où le bleu et le rouge sont proches.

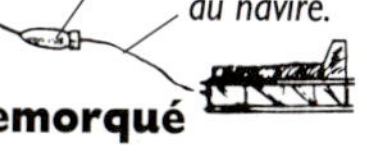

Un œil remorqué

Le TOBI (ci-dessus et ci-contre) est équilibré pour rester à l'horizontale lors du remorquage effectué à la vitesse de 3 nœuds. Immergé à environ 300 m au-dessus du fond de la mer, l'engin produit des images qui couvrent une longueur de 3 km.

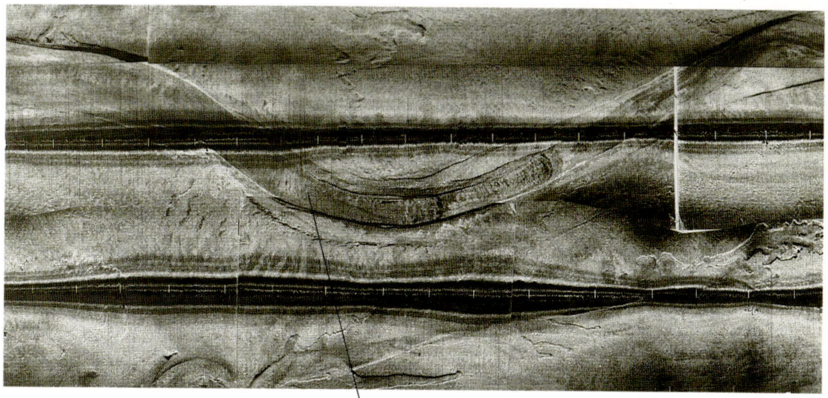

Image du fond de la mer au large de la côte ouest des États-Unis

Chenal sous-marin

Fonctionnement d'un sonar

Les images acoustiques des fonds marins sont produites par un scanner qui émet des ondes sonores à intervalles réguliers ; leurs échos enregistrés apparaissent sur un écran. Chaque point (ou pixel) de l'image représente une surface du fond marin de la taille d'une table de ping-pong. Le fond marin se dessine point par point.

Le TOBI

Le TOBI (abréviation de l'anglais *Towed Ocean Bottom Instrument*) est un instrument immergé jusqu'à une profondeur de 6 000 m que l'on remorque derrière un navire. Il comporte de nombreux instruments de mesure. Ses capteurs envoient leurs données au navire par le câble de remorquage. Celles-ci sont stockées à bord sur disques optiques.

Des rivières sous-marines

Les cours d'eau qui se jettent dans la mer gardent parfois leur individualité sur plusieurs kilomètres avant que leurs eaux ne se mélangent complètement à l'eau de mer. Cette vue du fond montre un tel chenal.

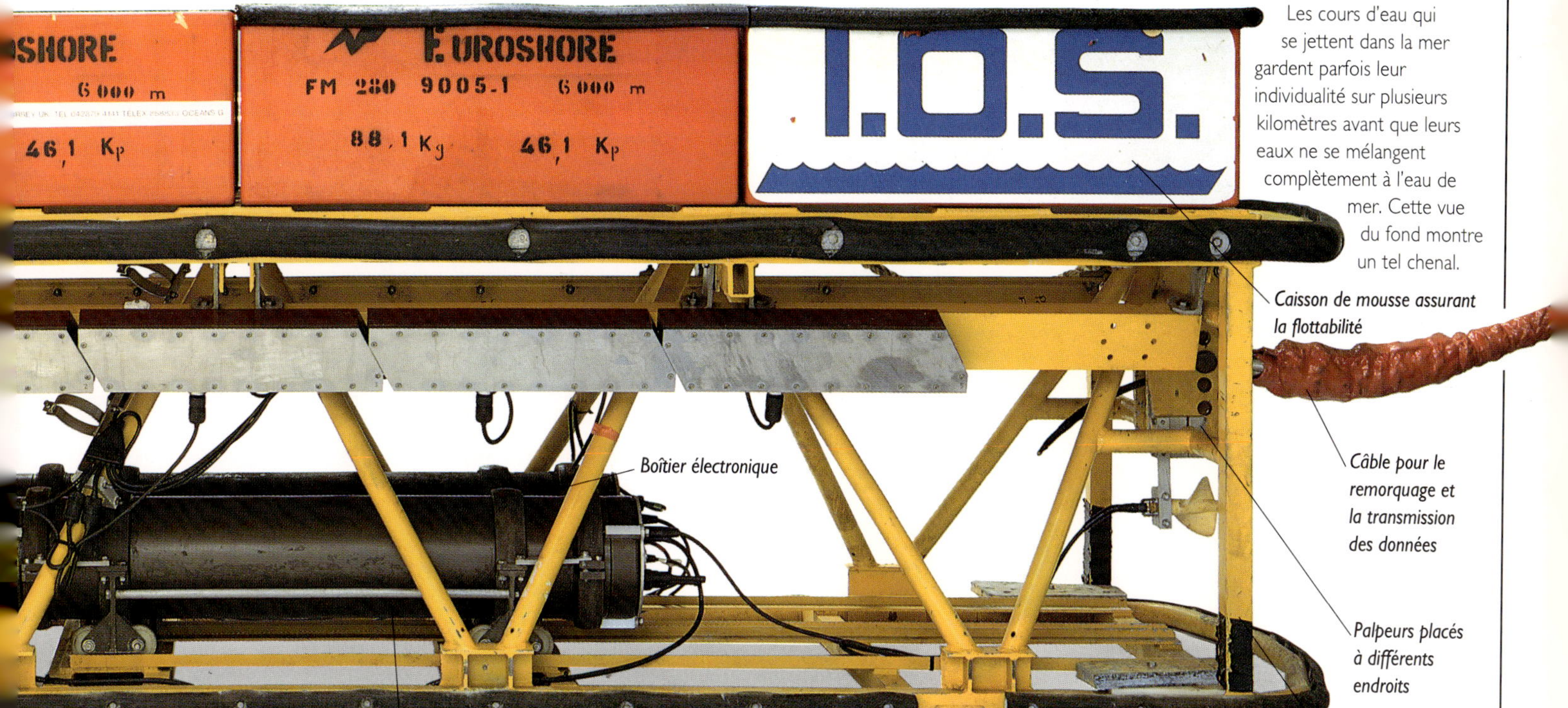

Caisson de mousse assurant la flottabilité

Câble pour le remorquage et la transmission des données

Boîtier électronique

Palpeurs placés à différents endroits

Cadre ajouré en aluminium

Les composants électroniques sont dans ce boîtier.

La forme et la taille des continents évoluent sans cesse mais à un rythme très lent. Les premières cartes de l'Atlantique Sud montrent une concordance remarquable entre les tracés des côtes de part et d'autre de l'océan (Amérique du Sud et Afrique). Il fallut longtemps pour comprendre le mécanisme responsable de ce phénomène (p. 36-37). On sait à présent que les continents se déplacent et on peut mesurer cette vitesse (quelques centimètres par an). Selon la théorie d'Alfred Wegener (1880-1930) sur la dérive des continents, publiée en 1915, les terres émergées étaient initialement regroupées en un seul supercontinent, la Pangée, qui a commencé à se disloquer il y a 300 millions d'années. Ainsi, l'Atlantique est né de la rupture entre l'Amérique du Sud et l'Afrique, alors que la Pangée se séparait en deux grands blocs : Laurasia au nord et Gondwana au sud. À l'initiative d'Eduard Suess (1831-1914) (p. 42), on a appelé Gondwana le continent méridional, du nom d'une région habitée par le peuple Gond en Inde. Il y a 140 millions d'années, la rupture progressive de la Laurasia donnait l'Amérique du Nord et l'Europe, isolant le Groenland, alors que le Gondwana se scindait en deux (p. 35) et que l'Inde commençait sa remontée vers l'Asie. Il semble que des phénomènes cycliques, durant plusieurs centaines de millions d'années, tantôt regroupent les continents en un seul, tantôt les dispersent.

Atlas porte le monde sur ses épaules.

Sir Francis Bacon (1561-1626)

Après la découverte de l'Amérique et l'établissement des cartes des rivages autour de l'Atlantique, le philosophe anglais Francis Bacon suggéra que l'Amérique et l'Afrique pouvaient s'emboîter, comme si elles avaient été séparées.

La carte du monde

En 1569, le mathématicien et géographe flamand Gerardus Mercator (1512-1594) établit une carte du monde fondée sur les observations des explorateurs de l'époque. La connaissance des côtes avait bien progressé avec l'exploration des rivages de l'Amérique et de l'océan Pacifique. La surface des terres connues avait doublé en peu de temps à la suite des expéditions de Magellan, de Vasco de Gama et de Christophe Colomb. La carte de Mercator montrait que les terres émergées ne couvraient qu'une faible surface de la planète, les trois quarts étant occupés par les océans. Jusqu'alors, les idées concernant les océans, leur profondeur et leur étendue étaient demeurées très vagues.

Lystrosaurus

La répartition de restes fossiles d'animaux qui vivaient sur les terres émergées, comme *Lystrosaurus*, montre que les continents du Sud ont été autrefois réunis, avant qu'un océan ne les sépare. Puisqu'on y trouve les mêmes fossiles, c'est que ces animaux pouvaient circuler aisément sur les terres australes qui sont maintenant divisées en plusieurs continents.

Crâne de *Lystrosaurus*

Le désert de Namibie

On rencontre les mêmes roches en Namibie (ouest de l'Afrique) et au Brésil (Amérique du Sud). Leur formation précède donc la dislocation du Gondwana.

Les côtes de Namibie

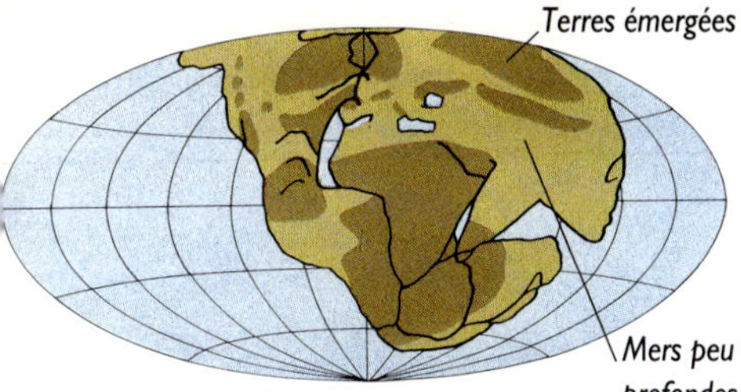

La Pangée à la fin du Carbonifère (295 Ma)

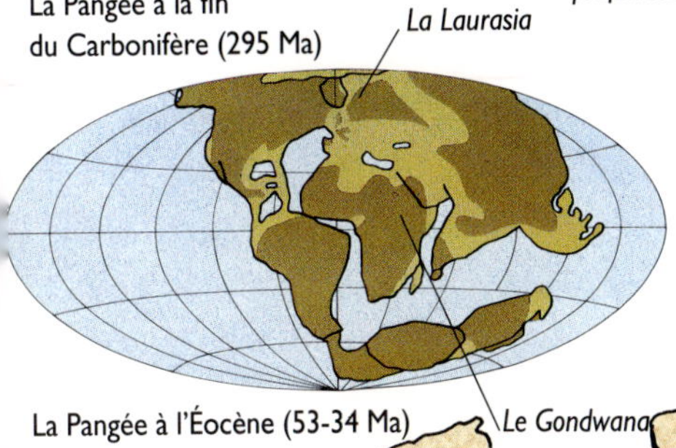

La Pangée à l'Éocène (53-34 Ma)

La Pangée

Sur les cartes de Wegener (ci-contre), toutes les terres émergées, à la fin du Carbonifère, sont réunies en un supercontinent appelé Pangée. Jusqu'à l'Éocène, le Groenland assurait la jonction entre l'Europe et l'Amérique du Nord. Les idées de Wegener divisèrent la communauté des géologues, notamment parce que les géophysiciens ne pouvaient pas proposer un mécanisme expliquant le mouvement des continents.

L'escargot milite en faveur de la dérive des continents.

La dislocation du Gondwana

Wegener dessina les continents méridionaux près du pôle Sud, puisque les roches carbonifères montraient qu'une partie du Gondwana avait été recouverte par les glaces. On a retrouvé des laves similaires, âgées de 200 millions d'années, à la fois en Amérique du Sud et en Afrique. Peut-être traduisent-elles l'instabilité de la Terre à l'origine de la dislocation du Gondwana.

Des preuves à l'appui

Les répartitions des flores et des faunes terrestres en Europe occidentale et en Amérique du Nord sont très proches. L'escargot de nos jardins se rencontre aussi bien dans le sud de l'Allemagne que dans les îles Britanniques ou que dans l'est des États-Unis.

Alfred Wegener

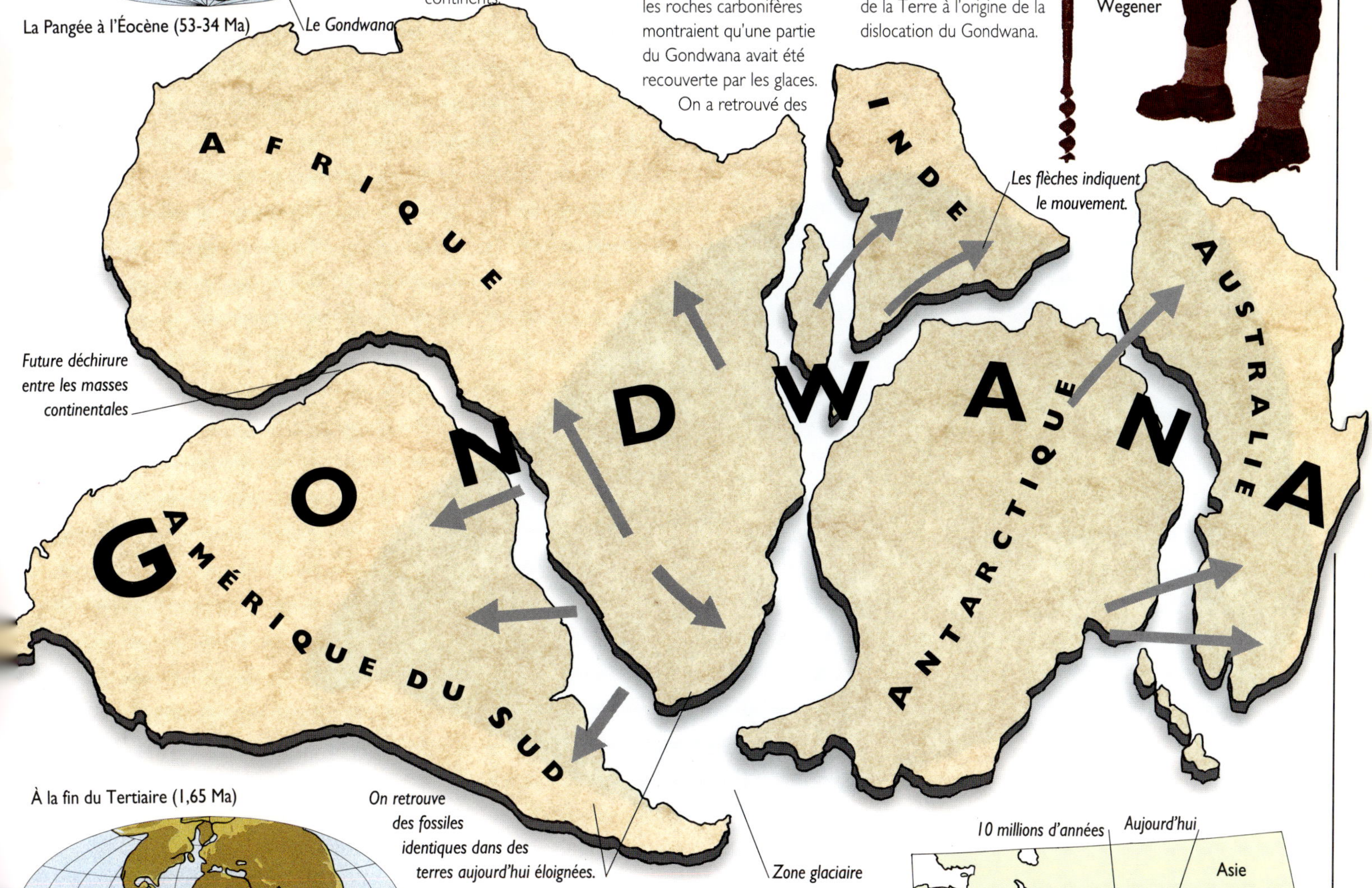

À la fin du Tertiaire (1,65 Ma)

La migration des pôles

Certaines roches enregistrent la direction du champ magnétique terrestre (p. 39). Dans les années 1950, on découvrit que l'emplacement des pôles magnétiques avait migré au cours des temps géologiques, et ce de façon différente sur chaque continent. Cela venait à l'appui de la théorie de Wegener.

Une Inde très mobile

Alors que la Pangée se disloquait, l'Inde fut animée d'un mouvement complexe, Il fut étudié sur la base du magnétisme enregistré dans les grands épanchements de laves du plateau du Deccan qui se produisirent pendant plusieurs millions d'années, au sud de ce continent. Les laves les plus anciennes indiquaient une position à 60° de latitude sud. L'Inde se déplaça ensuite rapidement vers le nord à une vitesse de 25 mm par an avant d'entrer en collision avec l'Asie, il y a 55 millions d'années, ce qui a provoqué la poussée de la chaîne de l'Himalaya.

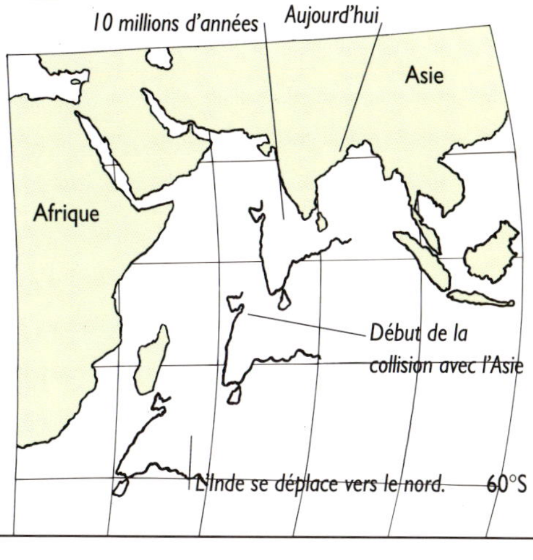

Quarante ans après la publication de la théorie controversée d'Alfred Wegener sur la dérive des continents, les avancées technologiques ont permis d'acquérir une moisson d'informations nouvelles sur le plancher océanique (p. 38-39). Les deux chercheurs britanniques Frederick Vine (né en 1939) et Drummond Matthews (né en 1931) découvrirent que des bandes parallèles de part et d'autre des dorsales présentent un magnétisme alterné, car la croûte terrestre se solidifie en gardant la marque du champ magnétique terrestre du moment où elle se forme, alors que ce champ s'inverse épisodiquement. Ces observations confirmaient la théorie de la tectonique des plaques : la lithosphère est découpée en plaques comprenant les continents mais aussi des portions de plancher océanique. Le plancher océanique est donc renouvelé en permanence à partir des dorsales médio-océaniques (les montagnes sous-marines découvertes par le *Challenger*, p. 30) pendant que les parties les plus anciennes du plancher disparaissent dans les zones de subduction et sont recyclées dans le manteau. Au cours du phénomène de subduction (p. 43), des sédiments et parfois des îles entières sont incorporés à la croûte continentale. La tectonique des plaques permet d'expliquer la coïncidence entre des alignements de volcans sous-marins, les fosses océaniques et la localisation des séismes.

Á gauche, image du relief des terres émergées et des planchers océaniques dans une partie de l'hémisphère Sud

L'idée de Holmes
En 1931, le géologue britannique Arthur Holmes (1890-1965) eut l'idée que des courants ascendants de matériel chaud se produisaient dans le manteau à l'aplomb des dorsales océaniques, compensés par des mouvements descendants en bordure des continents. Ces mouvements causaient le déplacement des continents.

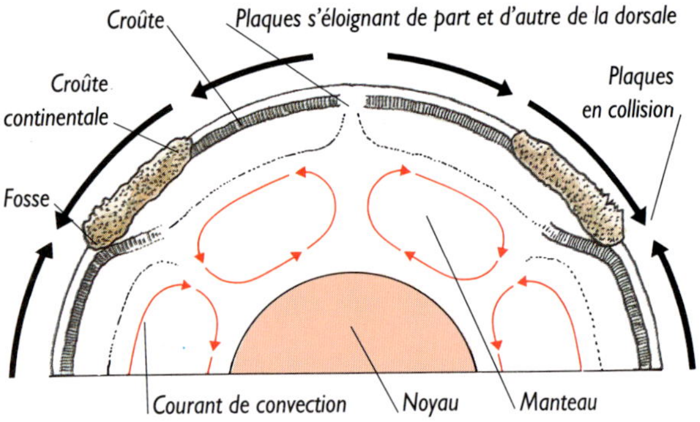

Des plaques mobiles
Le moteur du mouvement des plaques demeure encore un sujet de polémique. Les courants de convection du manteau participent sans doute au déplacement. Les mouvements d'ascension et de convection répondent aux transferts de chaleur du noyau vers le manteau. Ces courants se déplacent très lentement, en entraînant les plaques en surface. Dans le manteau, la descente de matériel froid compense l'élévation de matériel chaud. À l'occasion de ces mouvements de convection, le manteau libère une part de sa matière, qui va nourrir la croissance des marges des plaques.

Légende

Marge en subduction (marge active)

Marge en expansion (marge passive)

Limite de plaque supposée

Direction du déplacement

Carte de la tectonique des plaques
Les limites de plaques, appelées marges, découpent la croûte terrestre. Si certaines coïncident pratiquement avec les frontières entre continents et océans, ce n'est pas le cas général. Outre l'Australie, la plaque australienne comprend une large part de l'océan Indien ainsi que d'autres océans. Les continents sont beaucoup plus âgés que la croûte océanique (p. 40-41), puisque celle-ci est en recyclage constant entre les dorsales (p. 38-39), où elle apparaît et les zones de subduction (p. 43), où elle disparaît. L'âge du plancher océanique n'excède ainsi jamais 200 millions d'années.

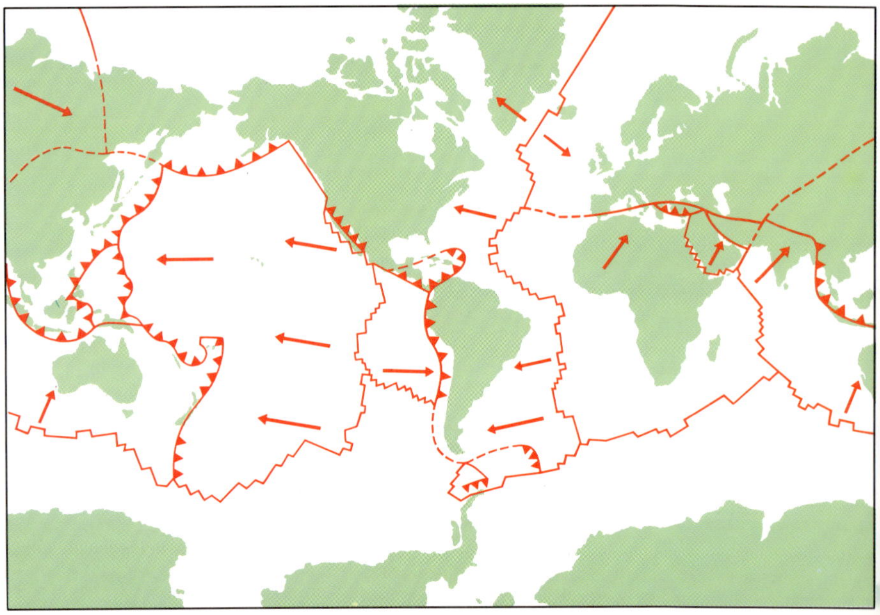

Le volcanisme de point chaud

Hawaii ne correspond pas à une limite de plaque mais à une remontée de magma à travers le plancher océanique, au milieu d'une plaque. Ce phénomène peut se produire aussi à travers la croûte continentale (p. 44-45).

Carte du relief de l'Amérique du Nord et du Sud

San Andreas

En certains points, les plaques coulissent en sens contraire ou dans le même sens mais à des vitesses différentes. Il ne se produit alors aucun phénomène susceptible de provoquer la montée du magma ; il n'y a donc pas de volcanisme.

La faille de San Andreas **est un point de friction entre deux plaques.**

L'Islande

Le long de certaines limites de plaques se forme en permanence du nouveau plancher océanique, qui vient colmater l'espace laissé vacant par l'écartement des plaques ; on parle d'accrétion océanique. L'Islande est une île volcanique, qui s'est formée sur le rift médio-atlantique.

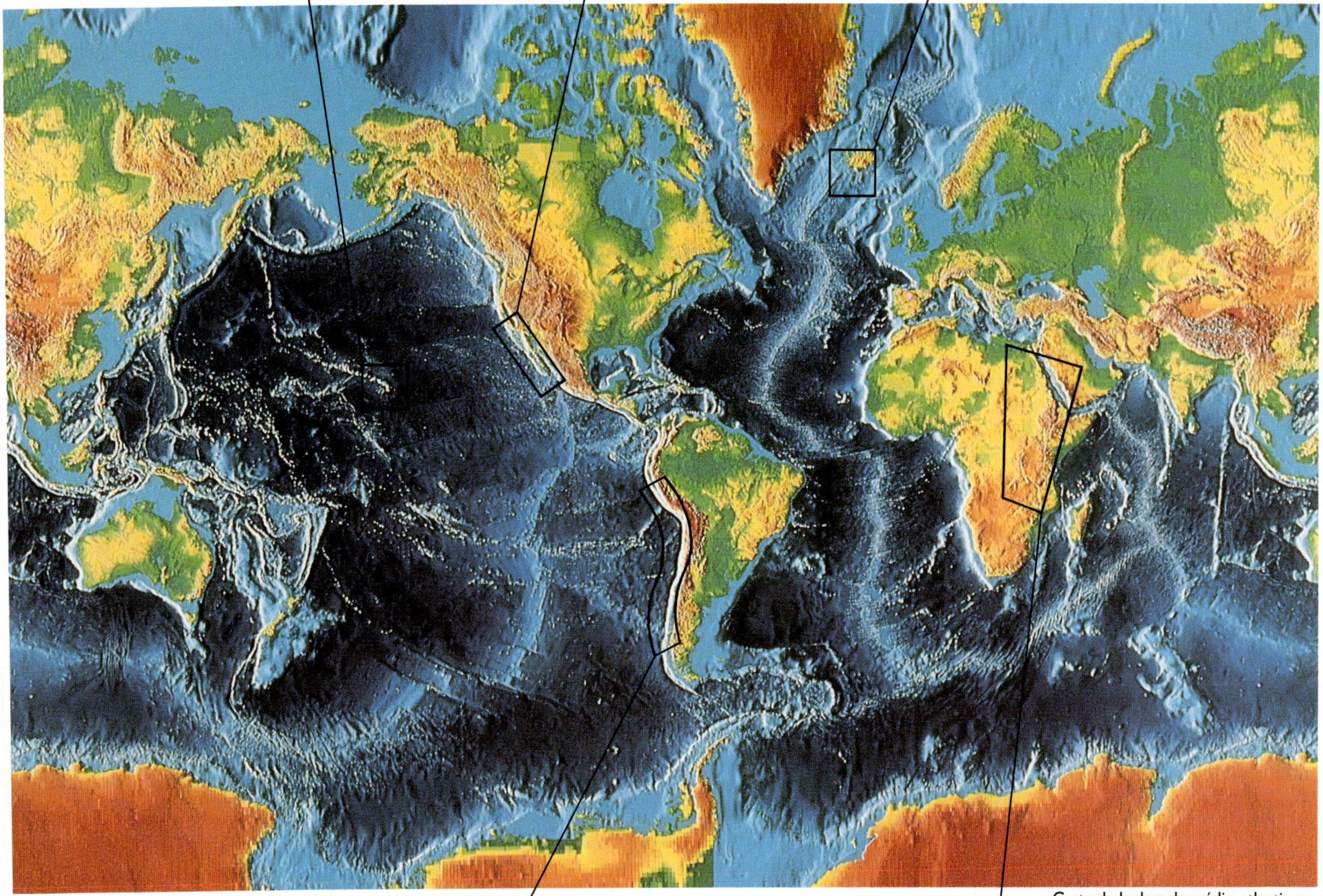

Les Andes du Chili

La présence de volcans, de fosses océaniques et de séismes caractérise les zones de subduction. Ici la plaque Pacifique s'enfonce sous la plaque Amérique du Sud, qui est dite « chevauchante ». En s'enfonçant, le matériel crustal fond progressivement et nourrit le volcanisme (p. 42-45).

Un futur océan

Les continents commencent à se déchirer le long d'un rift. En Afrique, un rift s'allonge de la mer Rouge vers le sud. Cette région a été soulevée il y a 20 millions d'années, et des laves se répandirent. Ce rift pourrait donner naissance à un océan (p. 48-49).

Carte de la dorsale médio-atlantique

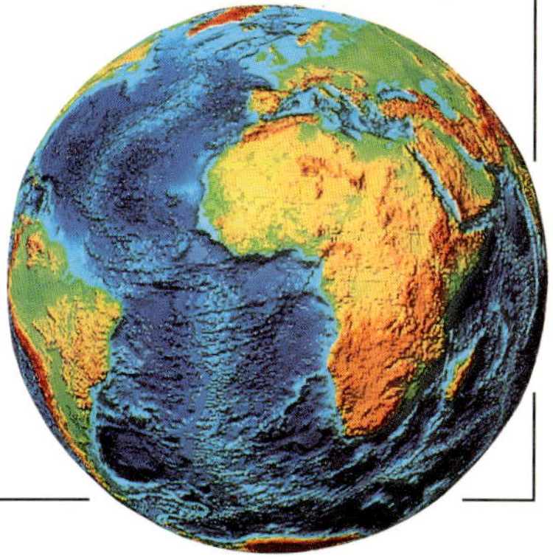

Le *Challenger* (p. 30-31) avait établi que la plupart des fonds marins sont à une profondeur d'environ 5 km sous le niveau de la mer. Ce plancher océanique est fait de roches relativement jeunes ; leur âge n'excède jamais 200 millions d'années. Il y avait déjà de la croûte océanique dans les temps anciens mais elle a disparu par subduction dans le manteau le long des marges dites actives (p. 36-37). Le nouveau plancher est formé au niveau des dorsales. Les magmas montent du manteau et remplacent l'espace vide créé par l'éloignement des marges passives. Le plancher nouvellement créé est stratifié : la couche supérieure est faite d'épanchements de basalte ; au-dessous, le basalte a une structure columnaire ; enfin, la base est faite de gabbro à grands cristaux.

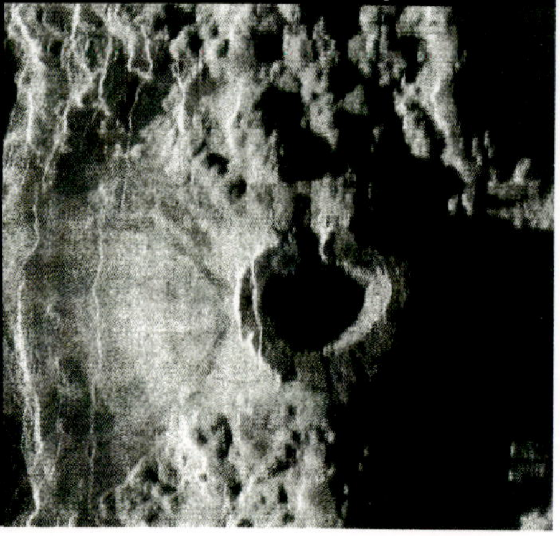

Harry Hess (1906-1969)
Il découvrit que le flux de chaleur issu du plancher océanique est supérieur à ce à quoi on s'attendait. En 1960, il suggéra que les fonds marins étaient relativement jeunes grâce à la remontée de matériel mantellique cristallisant au niveau des dorsales. Selon lui, le plancher s'éloignait des zones d'accrétion avant de disparaître en profondeur dans les fosses ceinturant le Pacifique.

LE CHAMP MAGNÉTIQUE TERRESTRE

Avant que le magma ne se fige complètement, des cristaux du plancher, riches en fer, s'orientent selon la direction du champ magnétique terrestre. En observant les croûtes océaniques formées il y a quelques millions d'années, on peut donc déterminer la direction du champ magnétique d'alors. Celle-ci s'inverse épisodiquement au cours de l'histoire de la Terre.

Des volcans sous-marins
Le sommet des volcans sous-marins reste en dessous du niveau de la mer. Certains cependant émergent. L'action érosive des vagues aplanit leur sommet. En s'éloignant des dorsales, le plancher se refroidit et s'enfonce, entraînant avec lui ces volcans alors appelés guyots.

Cette image sonar montre un volcan sous-marin localisé sur une dorsale océanique, à l'image de l'Islande, qui est émergée.

Les guyots sans coraux se sont enfoncés trop rapidement pour permettre l'installation durable des organismes coralliens.

L'atoll Kayangel dans l'océan Pacifique

Les fumeurs noirs
Le long des dorsales, des sources hydrothermales rejettent l'eau qui circule dans le plancher océanique très chaud. Cette eau est progressivement chauffée, devenant ainsi plus agressive chimiquement envers les roches encaissantes qu'elle dissout partiellement. L'eau rejetée est saturée en sulfures dissous. Au contact de l'eau de mer, ils précipitent en particules noires dont l'accumulation construit ces cheminées, appelées fumeurs, autour desquelles s'installent des organismes particuliers (p. 10).

Nodule de manganèse

Des atolls de corail
Les atolls sont des îles circulaires dont les récifs sont construits par des coraux. Charles Darwin (1809-1882) a montré que les atolls naissaient de la croissance des coraux sur le cratère de volcans éteints, affleurant à la surface de la mer (à la façon des guyots, en haut à droite). Le lent enfoncement des volcans, au cours du refroidissement du plancher et de son éloignement par rapport à la dorsale, est compensé par la croissance vers le haut des coraux, qui restent seuls visibles.

Les nodules
Les grands fonds sont jonchés de nodules arrondis très riches en manganèse, surtout là où la sédimentation est lente. Leur croissance s'opère très lentement par la formation de pellicules successives. Leur richesse en métal suggère que leur formation est liée aux sulfures des fumeurs.

Les nodules des grands fonds sont une mine potentielle de métaux (fer et manganèse), éventuellement exploitable un jour par des dragages de grande envergure.

Dresser la carte des océans

Depuis les années 1950, des moyens sophistiqués (échosondeur) permettent d'établir directement la carte des fonds marins et de faire apparaître leur topographie diversifiée : volcans, fleuves sous-marins, fosses et dorsales océaniques, qui constituent la chaîne de montagnes la plus longue au monde, s'étendant sur 65 000 km.

L'Islande
Le flux important de lave du manteau a fait émerger localement le rift médio-atlantique, créant une île.

À terme, l'Islande pourrait être séparée en deux parties.

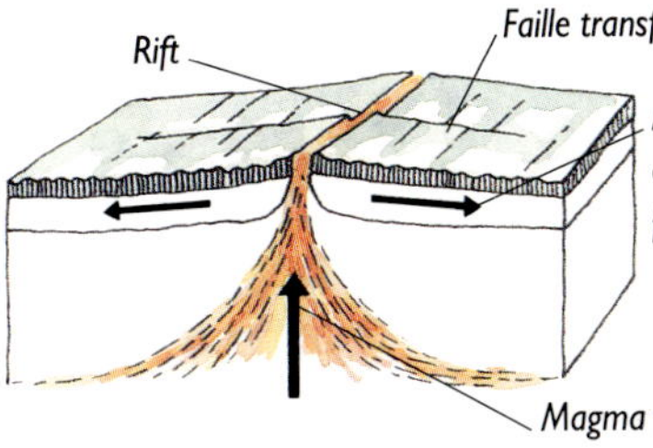

La formation du plancher océanique
Les magmas en fusion remontent du manteau le long des rifts. Ils s'épanchent au fond de l'océan et cristallisent sous forme de basalte de couleur sombre.

Le basalte est le matériau de base du plancher océanique.

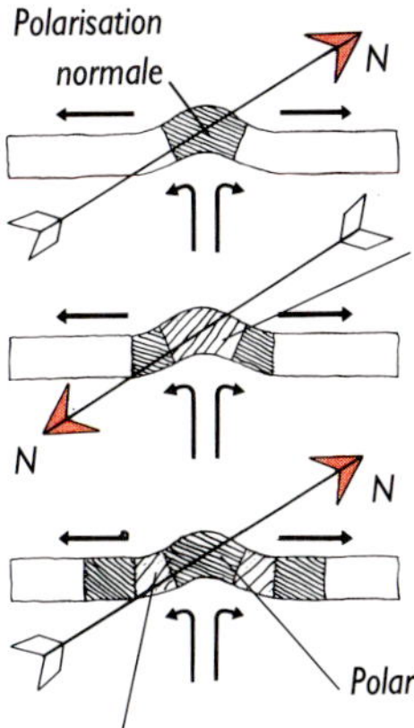

Des anomalies magnétiques
Certains cristaux du basalte du plancher océanique en cours de refroidissement cristallisent en s'orientant selon le champ magnétique terrestre.
Ils enregistrent donc toutes les inversions du champ, qui se produisent épisodiquement (p. 61).

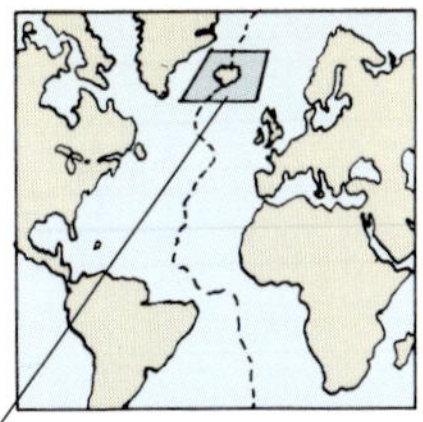

La dorsale médio-atlantique émerge en Islande.

La dorsale médio-atlantique
Ce modèle en réduction d'une portion de la dorsale médio-atlantique a été réalisé à partir de cartes précises établies au sonar. Une série de chaînes parallèles se développe alors que la zone de rift est faillée et étirée. Les plans de failles sont tournés vers le rift. C'est en son centre que celui-ci est le plus profond. Les laves en fusion remontant du manteau sont représentées en rouge. Le rift est tronçonné en de nombreuses portions, décalées par des failles dites transformantes.

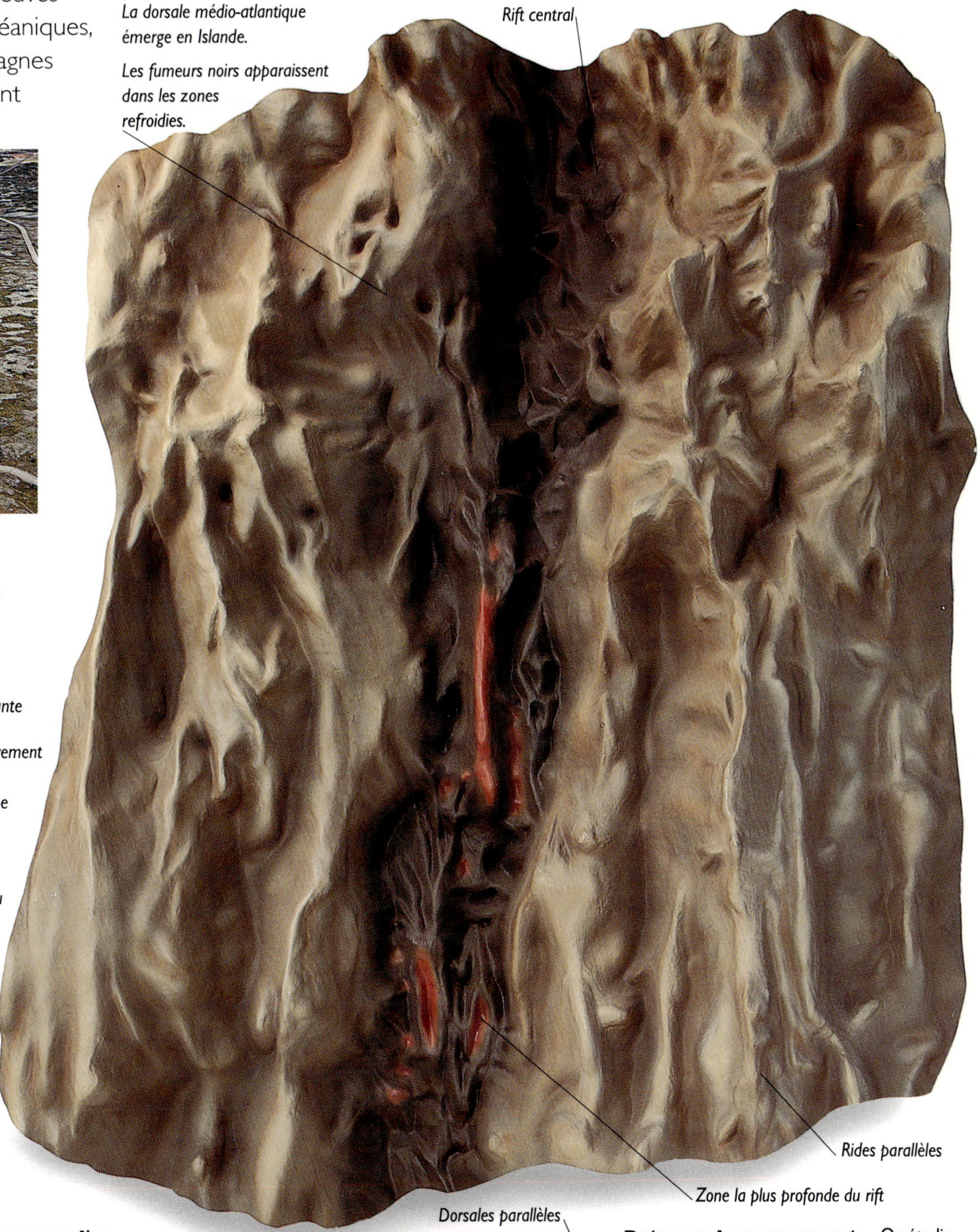

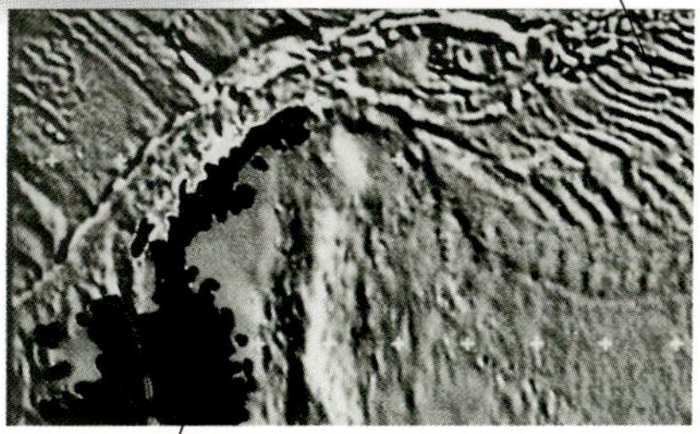

Retracer le mouvement des plaques
Cette image satellite montre la topographie – les formes et les structures – d'une vaste portion de plancher océanique, s'étendant entre l'Antarctique et l'Amérique du Sud. Ces chaînes parallèles bien visibles sont d'anciennes dorsales entourant le continent antarctique.

On étudie ces anciennes zones d'accrétion pour déduire l'âge et la nature du mouvement des plaques.

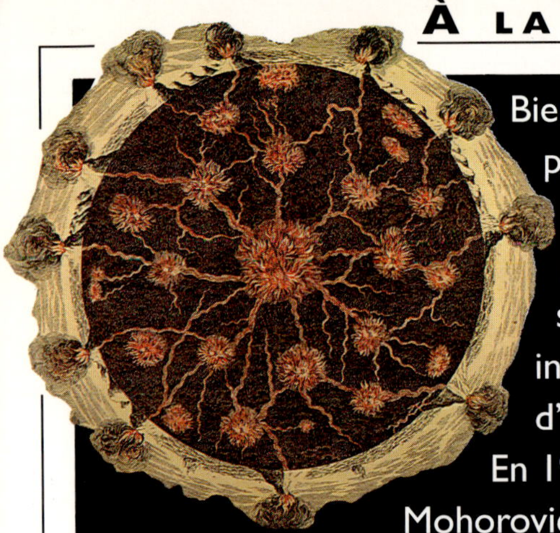

Bien que l'intérieur de la Terre demeure probablement à jamais inaccessible (p. 32), des méthodes indirectes ont permis de déterminer qu'il avait une structure stratifiée, avec un noyau interne et un noyau externe, entouré d'un manteau et enfin d'une croûte. En 1910, le scientifique croate Andrija Mohorovicic (1857-1936) conclut à l'existence d'une couche frontière située à une profondeur d'environ 35 km. Cette surface de discontinuité est appelée discontinuité de Mohorovicic – ou Moho. Elle marque la base de la croûte. On dispose de quelques indices sur la nature du manteau et du noyau externe. Lors d'éruptions volcaniques, des roches issues du manteau sont expulsées en surface. La chimie du manteau peut être déduite de celle des basaltes qui en proviennent. La mécanique céleste repose sur les forces d'attraction des masses. En étudiant ainsi les trajectoires des planètes et de leurs satellites naturels ou celles des engins spatiaux, il a pu être démontré que l'essentiel de la masse terrestre était concentré dans le noyau.

Le monde souterrain tel qu'on l'imaginait en 1665

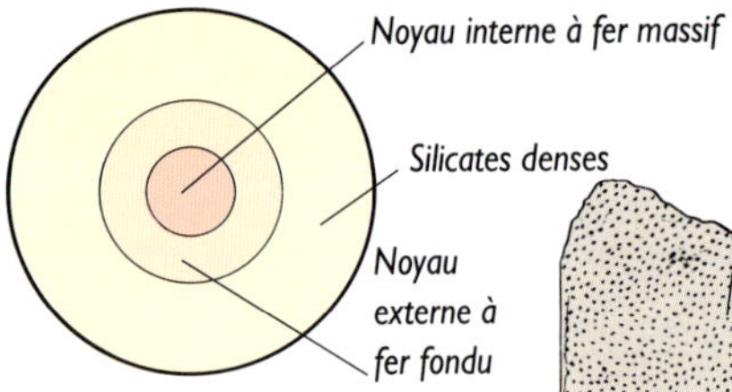

Une Terre stratifiée

Les plaques en mouvement à la surface de la Terre ne sont pas limitées à la croûte ; elles englobent également la couche la plus externe du manteau. On appelle le tout la lithosphère, et son épaisseur est à peu près constante (environ 100 km). Sous les planchers océaniques, la lithosphère est surmontée par la croûte océanique, qui ne mesure que 5 km d'épaisseur. En domaine continental, la croûte est plus épaisse (35 km) et peut atteindre 70 km sous les chaînes de montagnes.

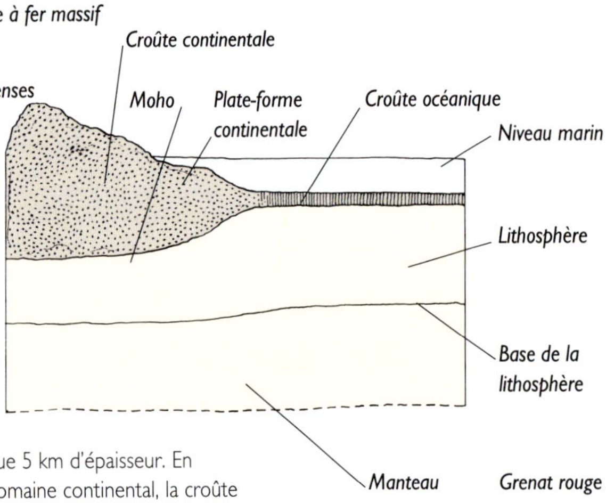

Ondes artificielles

Pour étudier les structures peu profondes mais néanmoins inaccessibles, on peut créer artificiellement des vibrations dont on choisit la fréquence. Ces camions vibreurs créent des ondes ; ils sont complétés par des géophones, c'est-à-dire des enregistreurs placés à différents endroits qui recueillent les ondes réfléchies en profondeur.

Les ondes sismiques

Notre compréhension de la structure interne du globe vient essentiellement de l'étude de la propagation des ondes sismiques, naturelles ou provoquées artificiellement. Ces ondes accélèrent ou ralentissent selon la densité des matériaux traversés. Elles sont amorties dans le noyau externe, qui a donc un comportement de fluide malgré la pression extrême qui y règne.

La chaleur vient du centre

L'existence de sources chaudes, donnant naissance à des geysers, témoigne du fait que, plus on s'enfonce dans la croûte, plus forte est l'élévation de température. Les mineurs le savent bien depuis des siècles. Dans les mines d'or modernes, en Afrique du Sud, la chaleur d'origine géothermique est si intense qu'il faut refroidir les galeries pour y permettre l'activité humaine.

Une péridotite à grenats

On trouve à la surface du globe des péridotites à grenats qui ont à peu près la même densité que celle du manteau. On les trouve dans les kimberlites, c'est-à-dire des roches volcaniques qui contiennent des diamants. La formation du diamant exige une forte pression, l'équivalent d'une profondeur de 150 km. Par conséquent, les péridotites à grenats sont peut-être des fragments du manteau arrachés à cette profondeur.

Éclogite

On trouve les éclogites dans la croûte profonde.

Granite

Une éclogite sur la balance

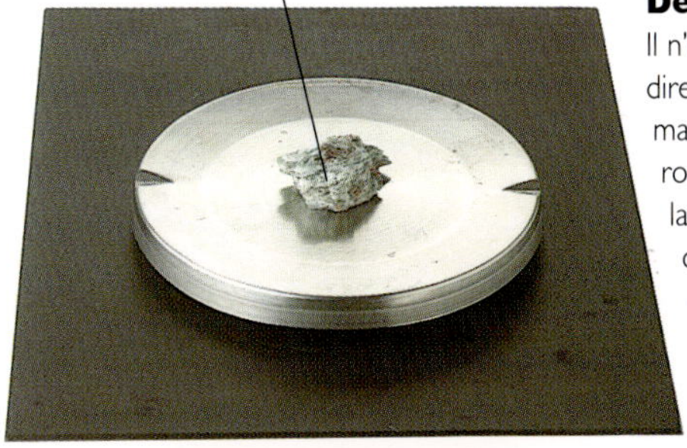

Poids en grammes

1 Le poids de la roche

On pèse d'abord l'échantillon d'éclogite.

2 La mesure du volume

Le calcul de la densité exige de connaître le volume d'eau correspondant à celui de la roche étudiée. Le récipient est rempli au maximum, la roche y est délicatement immergée : le volume d'eau qui déborde par le bec verseur est égal au volume d'eau déplacé par la roche.

L'éclogite est placée dans le récipient.

L'excès d'eau se déverse dans le becher.

On détermine la densité d'une roche en comparant sa masse à celle d'un même volume d'eau.

Des roches denses

Il n'est pas possible d'observer directement les roches du manteau. Toutefois, certaines roches, à la surface, ont la même densité que celles du manteau ; elles en sont donc peut-être issues. La densité peut indiquer grossièrement la composition des roches. Celles de la croûte continentale ont en moyenne la densité d'un granite, environ 2,8 ; le manteau est plus dense (3,3).

Sir William Logan

Au cours d'explorations, le géologue canadien William Logan établit des cartes des roches très anciennes du bouclier canadien. Il fut le premier à concevoir leur très grand âge et à comprendre qu'elles représentaient les couches les plus profondes de la croûte. On pense que ces roches qui forment l'armature profonde des continents sont présentes en-dessous des autres roches continentales, plus jeunes.

Un bouclier, ou craton, est une ancienne chaîne de montagnes complètement érodée, alors que les plaques tectoniques étaient encore relativement jeunes. Les boucliers sont très stables géologiquement.

Sir William Logan (1798-1875)

Le lac Bonneville près de Salt Lake City, en Utah (États-Unis)

L'isostasie

Les calottes de glace très épaisses et donc très lourdes, fréquentes lors de l'âge glaciaire pléistocène, déformèrent les couches superficielles de la croûte sous-jacente et provoquèrent localement un certain reflux des matériaux du manteau. À la fonte des glaces, la croûte fut soulagée de ce poids, et la substance du manteau opéra un mouvement contraire de compensation. Le flux du manteau étant plus lent que la fonte des glaces, la croûte, en Scandinavie, continue de se soulever sous l'effet de cette compensation.

Un exemple

On peut prendre conscience du réajustement isostatique près du lac Bonneville (États-Unis). Cette zone a été occupée par un vaste lac qui s'est considérablement réduit par évaporation (p. 14-15). Son assèchement partiel a soulagé la zone d'un poids considérable, provoquant son soulèvement actuel.

Le poids provoque l'enfoncement de la planche.

La croûte s'enfonce sous la masse des calottes de glace comme la planche sous la poussée du poids.

La planche s'enfonce dans l'eau.

Le poids a été enlevé.

Les continents flottent sur le manteau comme la planche sur l'eau.

La planche remonte rapidement comme le fait un continent lors du rebond isostatique.

Les tremblements de terre importants se produisent surtout aux limites de plaques et parfois à l'intérieur des masses continentales (p. 36). La plupart des séismes ne sont pas ressentis par les populations. À l'origine de ces phénomènes se trouve le mouvement des plaques tectoniques, que ce soit par glissement latéral ou par subduction, qui crée des contraintes très importantes dans les roches. Quand ces forces excèdent la résistance mécanique des matériaux de la croûte, il se produit une fracture dans la zone contrainte. Cette fracturation libère brutalement toute l'énergie lentement accumulée dans les roches, produisant une onde sismique qui se propage dans toutes les directions.

Le Japon, un archipel en sursis
Le Japon est à l'aplomb d'une marge active où le phénomène de subduction provoque en permanence séismes et éruptions volcaniques. Cette structuration permanente crée ou soulève des chaînes de montagnes, qui sont elles-mêmes soumises à une érosion rapide. Les Japonais vivent dans un environnement constamment bouleversé. L'archipel pourrait disparaître d'ici quelques millions d'années du fait de la subduction de la plaque Pacifique.

Eduard Suess (1831-1914)
Eduard Suess, géologue autrichien, étudia les chaînes de

montagnes et leurs interrelations. Il ne croyait pas que la Terre ait évolué par catastrophes successives. Il voyait les continents comme des régions stables, à l'exception des zones sismiques, secouées par les tremblements de terre.

Comment on mesure les séismes

Les vibrations provoquées par les tremblements de terre sont mesurées par les sismographes. Ces enregistrements permettent aux sismologues de déterminer le lieu où s'est produit le séisme (épicentre), et quelle fut son énergie, c'est-à-dire sa magnitude sur l'échelle de Richter. C'est l'Américain Charles Francis Richter (1900-1985) qui établit cette échelle logarithmique à 9 degrés. La mesure de l'intensité grâce à l'échelle établie par Giuseppe Mercalli en 1902, qui compte 12 degrés, repose sur l'appréciation par les témoins des dégâts infligés aux constructions.

Des failles rarement béantes
Quelquefois le sol se fissure ou se liquéfie le temps de la secousse. Cette liquéfaction (la thixotropie) se produit si les sédiments sont sous-compactés et gorgés d'eau. Elle provoque l'enfoncement d'immeubles comme le rejet en surface d'objets enfouis. En montagne, les séismes peuvent déclencher des glissements de terrain ou des avalanches.

Dans l'imaginaire populaire, lors d'un tremblement de terre, le sol s'ouvre et les hommes comme les bêtes sont engloutis dans les entrailles de la Terre.

Les sismographes
Ils transcrivirent les secousses perçues ainsi que l'instant auquel arrivent les premières ondes du tremblement de terre et la durée du phénomène de vibration. Dans un sismographe, la partie enregistreuse, solidaire du sol, se déplace avec lui pendant qu'une masse importante ne bouge pas du fait de son inertie. Le mouvement relatif des deux parties du sismographe est tracé par le stylet porté par la partie mobile.

La pendule s'arrête avec les premières secousses.

La bande du téléimprimeur enregistre les données.

Sismographe qui servit à enregistrer les secousses près du Vésuve (Italie)

La propagation des ondes

Les ondes sismiques se propagent dans toutes les directions. Celles qui s'enfoncent dans le globe voient leur vitesse augmenter alors qu'elles traversent des matériaux de plus en plus denses. Les ondes se diffractent sur les limites entre zones de densités différentes, leur trajet est donc courbe et peut les ramener en surface.

Les premières ondes enregistrées sont les ondes P ou ondes de compression. Ensuite sont enregistrées les ondes S ou ondes de cisaillement. Elles sont responsables des vibrations du sol.

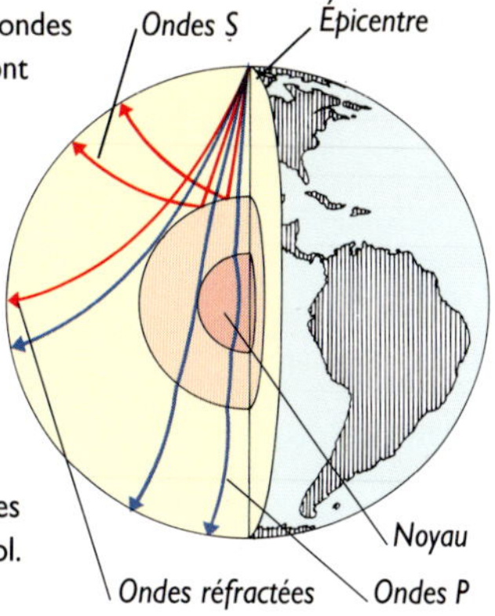

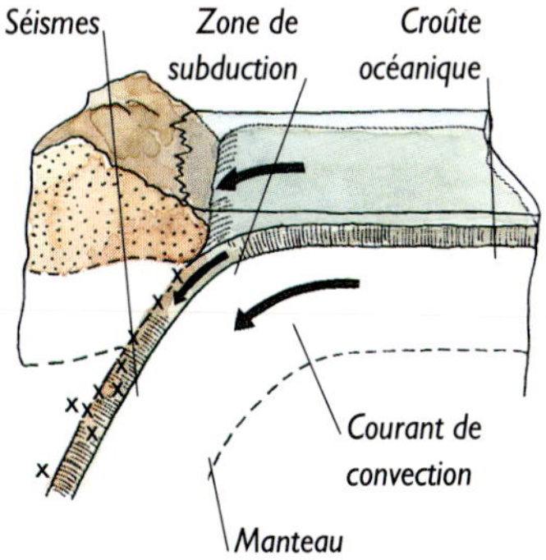

Les zones de subduction

La friction liée à la subduction du plancher provoque des séismes jusqu'à une profondeur de 700 km. Cela indique que la croûte froide est peu à peu chauffée au contact du manteau et perd progressivement son comportement cassant. Au-delà de 700 km, elle ne peut plus se fracturer.

La plaque Pacifique est en subduction sous les continents qui la bordent, elle est donc jalonnée de séismes et de volcans.

La faille de San Andreas

Dans cette région, la limite des plaques est une zone faillée large d'environ 100 km. Par rapport au continent nord-américain, la plaque Pacifique se déplace localement vers le nord-ouest, si bien qu'à cet endroit le mouvement des plaques se traduit par un glissement latéral. Il n'y a donc ni création de plancher océanique ni disparition de croûte par subduction (p. 38-39).

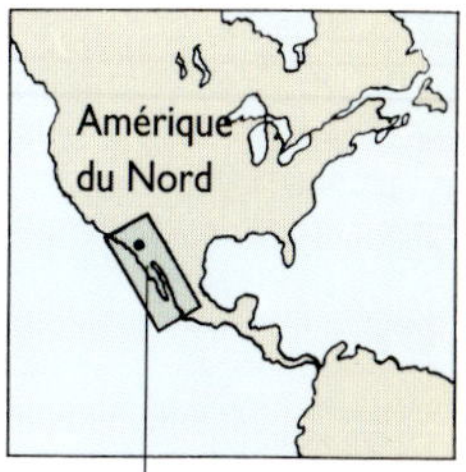

La faille de San Andreas sur la côte ouest des États-Unis

Le lit de la rivière a été déplacé par la faille.

Faille

Autoroute

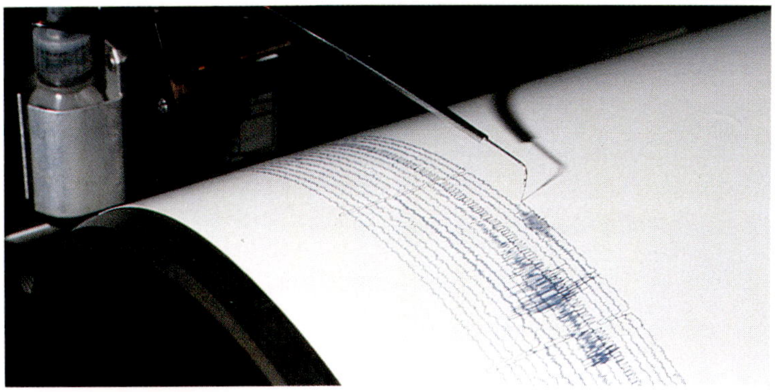

Une faille tristement célèbre

Les effets des tremblements de terre profonds sont bien moindres que ceux provoqués par des séismes superficiels, comme ceux qui affectent la faille de San Andreas, qui se produisent à moins de 30 km de profondeur.

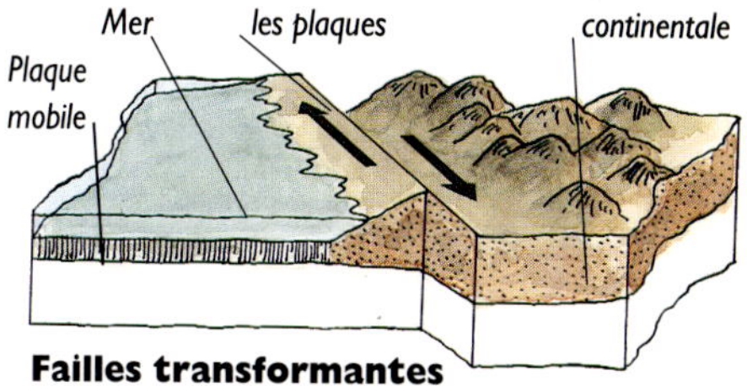

Le sol en extension

Certaines failles se produisent à la suite des contraintes en extension subies par la croûte. Ce modèle (ci-dessous) montre comment une série sédimentaire stratifiée peut se failler.

Un étirement croissant finit par vaincre la force de cohésion des roches. Le sol s'enfonce alors en ménageant des compartiments séparés par des failles. Ceci se passe lors des premiers stades d'ouverture d'un nouvel océan.

Le stylet du sismographe transcrit en direct sur le papier les vibrations du sol.

Une surveillance permanente

Les régions sismiques font l'objet d'une écoute constante pour tenter de prévoir les tremblements de terre et évacuer les populations.

Failles transformantes

Les failles le long desquelles un coulissement se produit sont appelées failles transformantes. Si le coulissement est gêné, les séismes sont violents.

Les failles transformantes découpent les rifts en tronçons (p. 38-39).

Les couches de sable, colorées diversement, représentent des strates sédimentaires.

Faille

Les failles se produisent des deux côtés du rift.

Le mot volcan s'applique indifféremment à un trou dans le sol par où s'écoule la lave ou au relief créé par les éruptions successives. Les magmas s'échappent des volcans sous forme de laves de viscosité très variable selon leur composition chimique. Certaines sont très fluides et s'épanchent aisément, d'autres sont visqueuses et incapables de couler ; elles forment des amoncellements près de l'orifice, construisant progressivement un dôme irrégulier. Si un long intervalle de temps (cent ans, mille ans ou plus) s'écoule entre deux éruptions, la cheminée peut se boucher, provoquant l'explosion du volcan à la prochaine reprise d'activité.

Un volcan insoupçonné
La première éruption du Vésuve connue des hommes eut lieu en 79 apr. J.-C. Les habitants de Pompéi ignoraient qu'ils vivaient au pied d'un volcan.

La répartition des volcans ne doit rien au hasard

La plupart des volcans sont alignés selon les limites de plaques, ce dont la théorie de la tectonique des plaques a fourni l'explication (p. 36-37). Les volcans jalonnent, par exemple, les limites de la plaque Pacifique en subduction (p. 43) ou forment une ceinture allant de la Méditerranée à l'Indonésie. Les volcans peuvent naître des magmas issus de la fusion des planchers océaniques en subduction (p. 25) ou de ceux qui se répandent au niveau des dorsales, renouvelant la croûte océanique (p. 39). Certains volcans enfin apparaissent dans les zones d'étirement de la croûte continentale, là où pourra prendre place un océan dans le futur (p. 49).

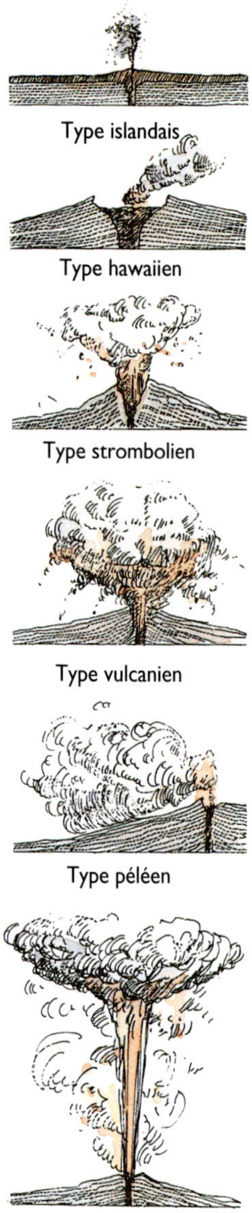

La classification des éruptions
Les éruptions volcaniques sont classées en fonction du mode d'écoulement de leurs laves. Si certaines laves s'écoulent de façon très fluide, d'autres le font de façon chaotique avec des explosions.

Prélever de la lave
Les volcanologues observent les événements survenant au cours d'une éruption et prélèvent des échantillons qui leur permettront de comprendre la formation des magmas et de prédire la vitesse et l'extension de la coulée de lave.

Cette photo, prise en Islande, montre un volcanologue face à une fontaine de lave lors d'une éruption de type hawaiien.

L'étude des volcans
L'observation d'un volcan actif peut se révéler dangereuse. Approcher du cratère exige de porter des vêtements adaptés, qui protègent de la chaleur ou des projections de lave ou de gaz, mais qui gênent les mouvements de ceux qui les portent. Pour décrire les types d'éruption, les volcanologues se servent de la classification illustrée ci-dessus à droite, qui est mondialement reconnue.

Bombe volcanique

Les bombes volcaniques
Lors de certaines éruptions, des fragments de lave sont projetés en l'air. Ils refroidissent en vol. On les appelle des bombes.

Les volcans hawaiiens

Les îles Hawaii couronnent une guirlande de volcans située à l'aplomb d'un point chaud du manteau. L'alignement des volcans donne l'impression que le point chaud se déplace sous le plancher qui se déplace vers le nord-ouest.

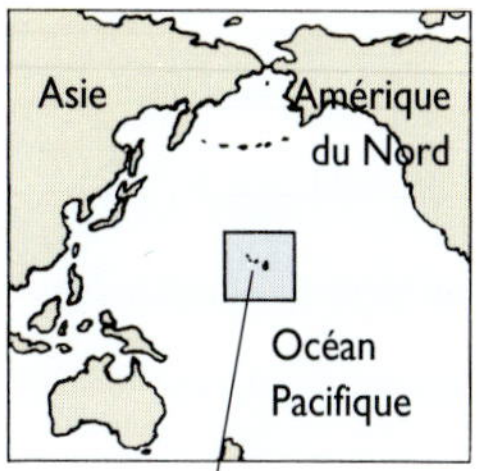

Chapelet des îles Hawaii

Le cratère du Kilauea

Lave récente

La plus haute montagne est au fond des mers

Sur la grande île d'Hawaii, la lave s'est écoulée pendant 10 ans du volcan Kilauea, à partir du début des années 1980. Les flancs sud du volcan furent recouverts de lave fraîche et l'île s'agrandit ainsi en gagnant sur la mer. L'île ne représente que la petite partie qui émerge du volcan, dont l'essentiel est caché par la mer. Du plancher marin à son sommet, le volcan a une hauteur de 10 000 m, c'est la plus haute montagne sur Terre.

Une lave cordée

Les laves très fluides qui se refroidissent se recouvrent d'une pellicule vitreuse. Le flux sous-jacent des laves déforme parfois cette surface qui se ride et ressemble alors à des cordages tressés.

Surface ridée

Lave cordée d'une éruption hawaiienne

Des explosions volcaniques

Quand les laves sont très fluides, les éruptions ne sont *a priori* guère dangereuses pour les hommes. En revanche, lorsqu'elles sont visqueuses, les gaz s'en échappent difficilement, ce qui provoque des explosions et peut dégager d'énormes quantités de cendres volcaniques susceptibles d'ensevelir les villes.

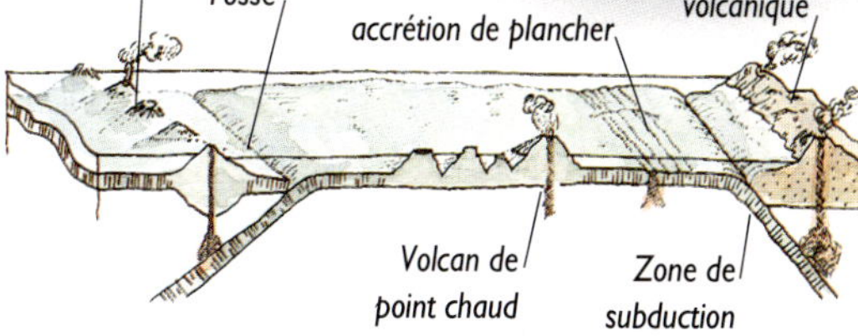

Le volcan « typique » (en cône) résulte des accumulations de cendres volcaniques, consolidées par des coulées de lave (type strombolien).

Les volcans et la tectonique des plaques

Les volcans sont essentiellement liés à la subduction d'abord et aux points chauds ensuite. Au fur et à mesure que la plaque (océanique ou continentale) passe à l'aplomb d'un point chaud, il se forme un chapelet de volcans. Les plus éloignés du point chaud sont les plus âgés.

Lave vacuolaire issue d'une éruption de type hawaiien

Bulle de gaz (vacuole)

Laves vacuolaires

Quand les magmas remontent en surface, la diminution de pression permet aux gaz contenus de s'échapper en bulles. Si la lave fige trop vite, les bulles restent.

Les géologues pensaient autrefois que les structures plissées des chaînes de montagnes étaient dues au rétrécissement de la Terre, et assimilaient les reliefs montagneux aux rides d'une pomme qui se dessèche. On sait à présent que les montagnes résultent de l'empilement des roches et de leur déformation qui donne des structures compliquées. Au cours des phénomènes qui aboutissent à la création des chaînes de montagnes, il y a en général plusieurs générations de déformations, les plus récentes déformant les plus anciennes. Le plus souvent, les chaînes périphériques des grands ensembles montagneux sont faites de roches sédimentaires (p. 26-27) dont on voit encore la structure alors que le cœur est fait de roches qui ont subi le métamorphisme (p. 24-25 et 28-29). Les montagnes jeunes situées le long des marges actives (p. 36-37) peuvent être le siège d'un intense volcanisme. L'édification des chaînes s'accompagne de phénomènes d'écrasement et de raccourcissement, voire de soulèvement des matériaux de la croûte. Ce n'est pourtant pas cela qui crée les sommets escarpés caractéristiques des montagnes mais l'érosion (p. 54-55) qui peut user plusieurs kilomètres de roches avant de laisser apparaître la racine de la chaîne. On appelle orogenèse l'ensemble de ces processus.

Comprendre les Alpes

Le physicien et explorateur suisse Horace Bénédict de Saussure (1740-1799), ci-dessus à droite, traversa les Alpes dix-sept fois par des chemins différents pour tenter de comprendre comment les chaînes de montagnes sont créées. Il finit par conclure que leur structuration est trop difficile à débrouiller pour l'entendement humain. Saussure fit même l'ascension du mont Blanc en 1787 avec Jacques Balmat (1762-1834), à gauche ci-dessus, le premier vainqueur de ce sommet en 1786.

Des couches tectonisées

Les montagnes font apparaître les structures complexes acquises par les couches sédimentaires plissées. On emploie aussi le mot tectonique pour désigner l'ensemble des phénomènes qui confèrent aux roches une structuration sous l'effet de contraintes mécaniques. Ces strates ont subi une tectonique souple.

Les chevauchements

À la fin du XIXe siècle, l'idée commença à se répandre qu'une part du raccourcissement crustal accompagnant la compression qui crée les orogenèses pourrait être due au recouvrement de certains ensembles de roches par d'autres. Ce phénomène, appelé chevauchement, implique des déplacements subhorizontaux et à grande échelle des couches supérieures de la croûte. L'ensemble déplacé et chevauchant est appelé nappe de charriage. Les nappes peuvent être charriées sur des dizaines de kilomètres. Si cette idée sembla d'abord tirée par les cheveux, elle se révéla exacte.

Les Rocheuses, montagnes de la côte ouest des États-Unis

Une orogenèse en direct
Il est difficile d'imaginer comment ont pu être mises en place les structures des chaînes de montagnes que le géologue reporte sur sa carte. Des modèles réduits sont utilisés pour simuler la formation de montagnes nées par collision entre masses continentales.

Des couches de sable coloré sont répandues sur une feuille de papier que l'on peut faire glisser. Ce mouvement réduit la longueur des strates et imite la subduction.

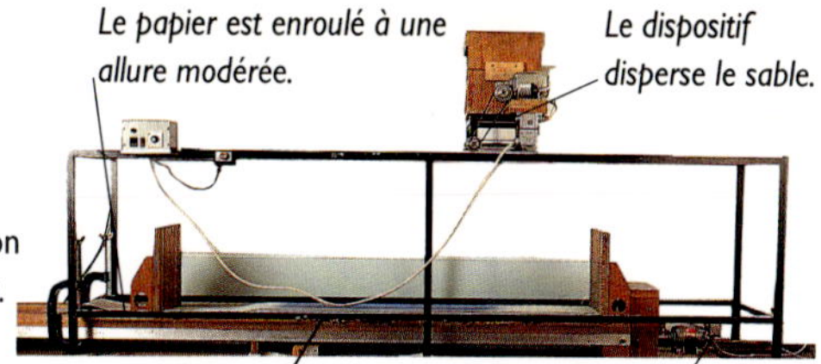

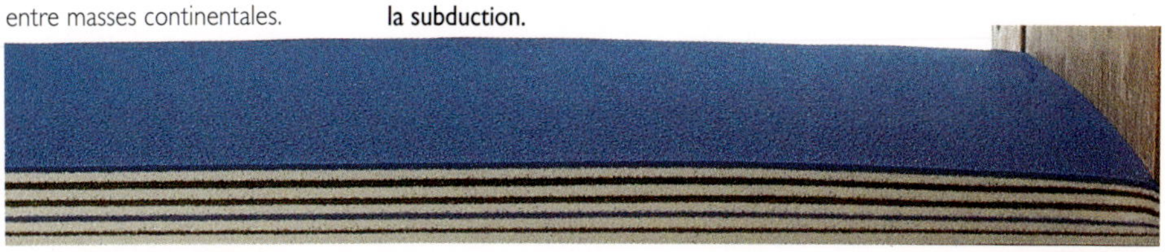
Les sédiments sont déposés.

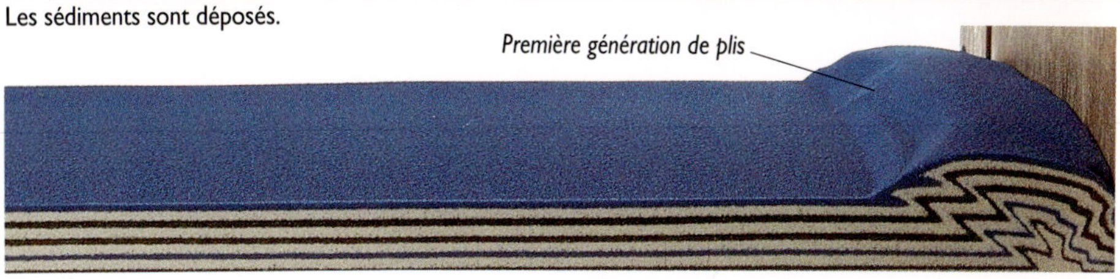

Des plis en Z apparaissent alors que le papier est enroulé à vitesse constante.

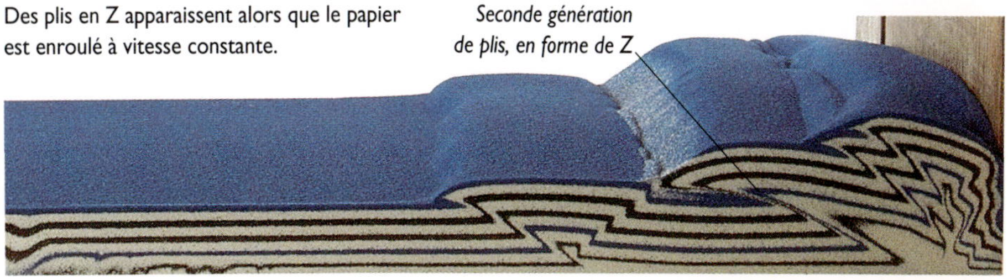

De nouveaux plis apparaissent, déformant plus intensément encore les précédents.

Trois nappes sont formées, chacune étant soulignée par un plan de chevauchement.

Modèles très simples
Les chevauchements successifs ont empilé les nappes les unes sur les autres. Dans la réalité, les soulèvements, les plissements et les chevauchements sont accompagnés par des phénomènes d'érosion, de volcanisme et de magmatisme.

Les Andes volcaniques

De nombreux indices montrent que l'activité tectonique et le soulèvement des Andes se poursuivent. C'est là que se produisent la plupart des grands tremblements de terre. Des sédiments marins récents ont été portés en altitude par la tectonique, preuve que le soulèvement a été rapide. Les Andes se distinguent par leur grand nombre de volcans en activité, édifiés sur la chaîne elle-même et qui constituent certains des plus hauts sommets.

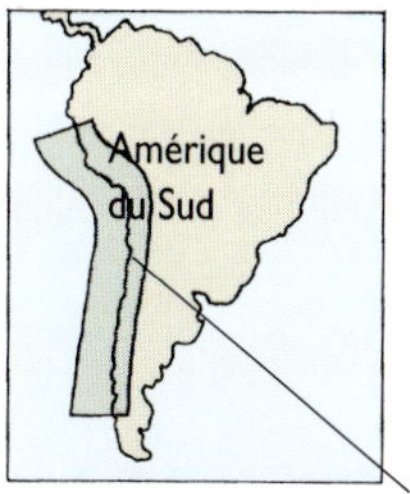

Les montagnes du Chili
Les reliefs déchiquetés ont été sculptés par l'érosion dans des masses rocheuses qui ont subi les déformations et les chevauchements de l'orogenèse.

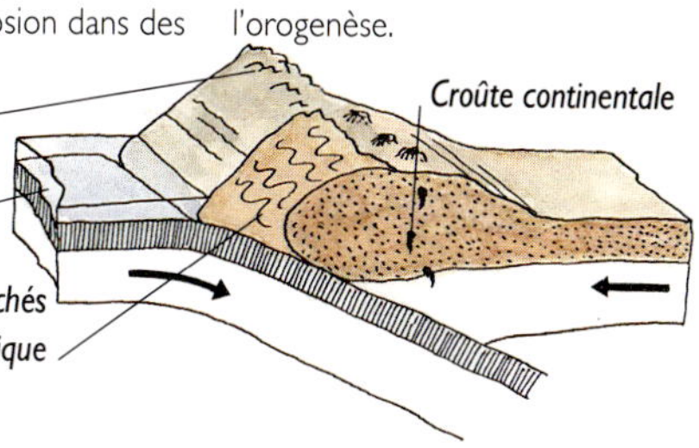

La marge active sud-américaine
Au cours de la subduction de la plaque Pacifique sous la plaque Amérique du Sud, les sédiments déposés sur le plancher océanique s'incorporent à la croûte continentale.

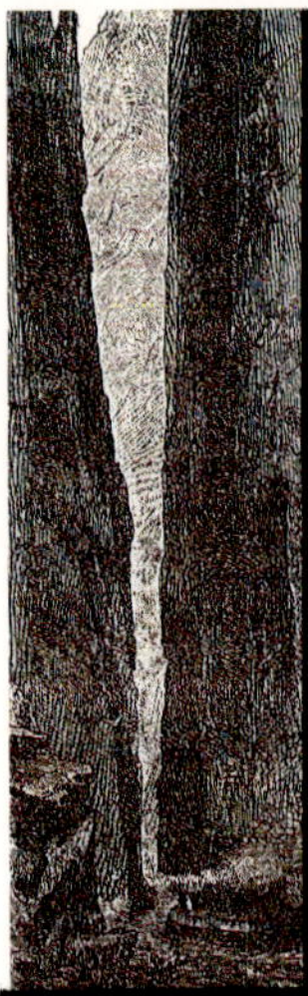

Une limite de plaque nouvelle apparaît lorsqu'un rift se forme et divise un continent, à l'image de ce qui s'est produit lors de l'ouverture de l'océan Atlantique (p. 38-39). Aujourd'hui, l'Afrique se déchire le long du rift allant de la mer Rouge au Mozambique (on peut l'appeler Rift Valley, p. 36-37). Tous les rifts ne donnent pas naissance à des océans. Certains avortent et sont remplis par d'épaisses coulées de lave et par des sédiments. En France, d'une certaine manière, la Limagne ou la plaine d'Alsace, qui sont des fossés d'effondrement, représentent les stades très préliminaires d'un rift avorté. Certains plateaux résultent de la collision de deux continents. Celle-ci se produit quand il n'y a plus de croûte océanique entre les deux masses. À la différence du plancher océanique qui disparaît sous les continents, la croûte continentale a une densité trop faible pour pouvoir s'enfoncer par subduction, si bien qu'en cas de collision il n'y a pas coulissement mais affrontement entre les masses continentales et création de plateaux. D'autres types de plateaux naissent par soulèvement modéré d'une région tout entière.

John Wesley Powell (1834-1902)
L'Américain John Wesley Powell explora le Grand Canyon du Colorado en 1869. Bien qu'il eût

perdu le bras droit, il savait en escalader les parois vertigineuses ou mener son embarcation à travers les rapides de ce fleuve.

Les cañons
Un cañon est une vallée étroite, aux parois verticales, incisée par érosion dans un relief grâce à l'action d'un cours d'eau. En France, les gorges du Verdon sont célèbres.

Le Grand Canyon
L'épaisse accumulation de sédiments qui constitue le plateau du Colorado a été soulevée de 3 000 m depuis 60 millions d'années. Pour expliquer son creusement, il fallait donc évoquer l'action érosive d'un cours d'eau, qui décapa les couches les plus tendres avant d'arriver aux horizons durs (granite ou roches métamorphiques) qui constituent aujourd'hui le fond du cañon.

Naissance d'un rift
Le modèle ci-dessous, réalisé en laboratoire, montre comment peut naître un rift, sous l'action d'une distension tectonique. Le plancher océanique apparaît quand la déchirure crustale est complète.

En rouge ou blanc, les strates contemporaines du rift

Horst (mot allemand signifiant butoir)

Graben (mot allemand signifiant fossé)

Le toit du monde
Le plateau tibétain, situé à 4 500 m au-dessus du niveau de la mer, est la région la plus haute du monde. Les montagnes jeunes qui le ceinturent se sont formées en même temps que lui. D'autres plateaux, comme en Afrique, ne sont liés à aucune montagne récente ; ils résultent sans doute d'un soulèvement régional.

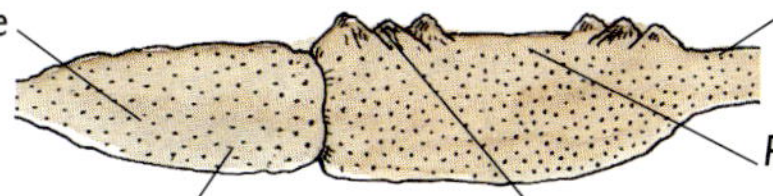

Collision continentale
Au cours des 10 derniers millions d'années, l'Inde est entrée en collision avec l'Asie, après que le plancher de la Téthys, l'océan qui séparait les deux continents, eut complètement disparu par subduction (p. 43). De cet affrontement est née la chaîne montagneuse de l'Himalaya.

Le rift est-africain

Un grand rift affecte l'Afrique orientale, courant de la mer Rouge au Mozambique. Le nombre de volcans récents et actifs ainsi que de tremblements de terre témoigne de son activité. Au nord, là où la Rift Valley rejoint la mer Rouge, le plancher du rift se situe au-dessous du niveau de la mer. Il est fait de croûte océanique mais n'a pas encore été envahi par l'eau. Plus au sud, la déchirure de la lithosphère n'étant pas complète, le plancher océanique ne se forme pas encore. À l'avenir, un nouvel océan pourrait bien couper en deux le continent.

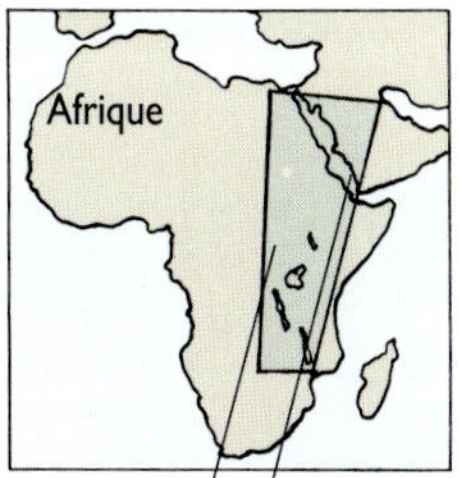

Vue satellite des golfes de Suez, d'Aqaba et de la mer Rouge

Le rift vu du Kenya
Les rifts possèdent des volcans en leur zone centrale provoquant bien souvent de grands épanchements de basalte des deux côtés.

Tous les épanchements de basalte ne naissent pas sur un rift. Certains naissent à l'aplomb d'un point chaud.

Un proto-océan
La mer Rouge est un océan en train de naître. La vitesse d'écartement de ses deux rives est de 25 mm par an. Cette accrétion traduit le mouvement vers le nord-est de l'Arabie, qui s'éloigne donc de l'Afrique et tend à refermer le golfe persique.

La plupart des minéraux formés dans la croûte sont stables à fortes pression et température (p. 40-41), mais une fois exposés à l'atmosphère riche en oxygène de la Terre ils ne sont plus à l'équilibre chimique. Les roches réagissent avec l'eau présente dans l'ambiance humide qui règne à la surface de la planète. On dit qu'elles sont altérées. Ce phénomène participe au façonnement des reliefs qui nous entourent. Une des formes d'altération est la dégradation chimique – par exemple, l'action des pluies acides sur les calcaires (p. 17). Parfois, la température joue également un rôle dans certaines régions. Le jour, le Soleil chauffe les roches ; la nuit, la chute de la température crée une contraction des matériaux pouvant aboutir à leur rupture. Cela est encore plus sensible si l'eau gèle dans les fissures des rochers (p. 58-59). L'altération peut également être provoquée par l'action des plantes, des animaux, des lichens et des champignons. Tous ces mécanismes agissent en synergie ; ce sont eux qui, à la longue, sculptent le paysage. Les grains des roches sont peu à peu désolidarisés, les minéraux évoluant alors chimiquement (les feldspaths deviennent des argiles). Ces matériaux altérés sont transportés par le vent ou l'eau et se sédimentent ailleurs (p. 56-57).

Le phénomène d'altération sculpte des formes étranges dans le paysage.

L'action des plantes

Les racines des végétaux s'insèrent dans les fentes des rochers. Par leurs sécrétions, elles rendent solubles les minéraux et prélèvent ainsi les éléments chimiques indispensables à leur métabolisme. Elles s'épaississent, élargissant les fissures ou fragmentant même les roches.

Si les arbres participent au processus d'altération, des organismes plus modestes comme les mousses et les lichens y contribuent aussi, par l'action de leurs filaments mycéliens capables de pénétrer dans les roches les plus dures.

Des buttes témoins

Des reliefs isolés, témoins de la présence antérieure de structures géologiques, émergent parfois des plaines d'érosion. On parle alors de buttes témoins ou inselbergs. La couleur rouge de ce massif est due à la présence d'oxydes de fer. Ils sont restés sur place après solubilisation des silicates.

Des animaux creusent des terriers ou fouissent le sol et les zones altérées des roches.

L'action des animaux fouisseurs

Elle accroît d'autant l'intensité de l'altération, puisque cela augmente les surfaces de contact entre les roches et l'air humide.

Les contrastes de température

Dans les cañons des États-Unis, les roches sont altérées par l'action de la température, du vent et de l'eau. Les changements de température provoquent la dilatation et la contraction des roches qui finissent par se fendre. L'eau infiltrée dans les fissures peut geler et faire céder la pierre.

L'eau a une action chimique et une action mécanique dans l'érosion.

Affleurement de granite montrant un début d'altération en boules

L'altération en boules

L'érosion des montagnes finit par mettre au jour les massifs de granite qui s'étaient mis en place en profondeur. Cette ablation progressive soulage peu à peu le granite des pressions exercées. Il se dilate alors en se fissurant. Les fentes sont appelées des joints. Plus les joints sont nombreux et serrés, mieux l'eau s'infiltrera, agrandissant les fissures, et plus l'altération sera intense. Elle ne laissera que des blocs disjoints de granite sain, les parties altérées partant au fur et à mesure. Ces blocs arrondis mesurent quelquefois plusieurs mètres de diamètre.

Les joints peuvent aussi être des fentes de contraction, provoquées par le refroidissement du magma. Ils dessinent parfois des formes régulières comme dans le cas des orgues basaltiques.

Pelures d'oignon

L'altération attaque d'abord la partie externe des roches, là où il y a contact direct avec l'atmosphère. La pellicule altérée peut atteindre une épaisseur de 1 cm même lorsque les grains désolidarisés sont progressivement ôtés par l'érosion. Certaines roches, ainsi atteintes, montrent plusieurs couches altérées successives, se desquamant à partir de la roche saine. On parle alors d'altération en pelures d'oignon ou d'exfoliation.

Dolérite

Stalactites et stalagmites

Le carbonate de calcium est attaqué par le dioxyde de carbone contenu dans l'eau de pluie, si bien que les roches calcaires peu à peu disparaissent. Lorsque l'eau, chargée de calcaire dissous, goutte depuis le plafond d'une caverne, il se forme des stalactites et des stalagmites.

Une eau calcaire

Dans les grottes calcaires, les eaux riches en carbonates dissous arrivent à saturation : il se forme alors du calcaire. Les stalactites et les stalagmites sont construites insensiblement par ce calcaire.

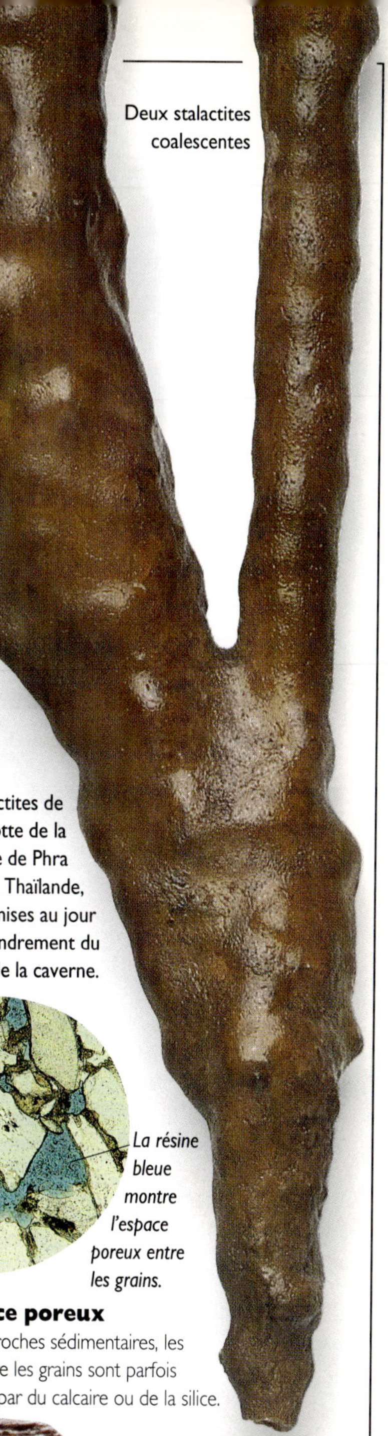

Deux stalactites coalescentes

Les stalactites de cette grotte de la péninsule de Phra Nang, en Thaïlande, ont été mises au jour par l'effondrement du plafond de la caverne.

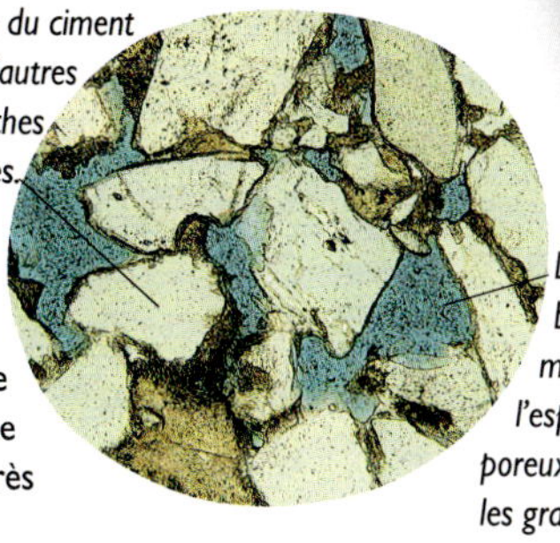

Lame mince de grès

L'espace poreux

Dans les roches sédimentaires, les vides entre les grains sont parfois colmatés par du calcaire ou de la silice.

Au contact de l'humidité de l'air, la roche exposée à la surface de la Terre s'altère. Dès que les racines des plantes peuvent pénétrer dans les parties altérées des roches, le processus de pédogenèse, c'est-à-dire de formation d'un sol, commence. Les facteurs de la pédogenèse comprennent le type du climat, la végétation, la topographie et la nature des roches présentes. C'est sous les climats chauds et humides que les roches s'altèrent le plus vite et que l'on retrouve des sols épais.

La Nature nourricière
Les civilisations anciennes reposant sur l'agriculture voyaient dans la fertilité du sol et dans celle de la femme les principes miraculeux de la vie. Dans la mythologie romaine, Proserpine, la fille de Cérès, déesse des moissons, était régulièrement enlevée et entraînée dans le monde souterrain. Pendant les mois où elle était retenue prisonnière, les cultures ne poussaient plus, les animaux ne se reproduisaient plus : c'était l'hiver.

Les cultures en terrasses
Des terrasses artificielles permettent la mise en culture des reliefs. Le sol est plus aisé à labourer et à irriguer. Les terrasses présentent en outre l'avantage de stabiliser les versants en empêchant une érosion trop rapide des sols par le ruissellement des eaux de pluie.

Le sol, un monde vivant

Un sol possède des composants minéraux (les particules rocheuses) et des composants organiques : l'humus. Il s'agit de racines, de plantes mortes ou d'organismes en cours de décomposition, de micro-organismes ou de composés organiques issus de la dégradation des plantes ou des animaux par les champignons et les bactéries. Des animaux tels que les escargots ou les vers participent également à la formation de matière organique. Pour qu'un sol soit propice à la croissance des végétaux, il doit être humide et aéré. Sans eau ni air entre les particules pour leurs racines, les plantes meurent. Les phénomènes aboutissant à la constitution d'un sol sont extrêmement lents et complexes, ils peuvent prendre plusieurs dizaines de milliers d'années pour s'accomplir. En revanche, un sol très fragile sera détruit très rapidement s'il n'est pas protégé.

Cultures en terrasses au Yémen

Le profil d'un sol
Une tranchée creusée sur plusieurs mètres de profondeur découvre ce que l'on appelle le profil du sol. On y distingue plusieurs horizons. Le plus superficiel, l'horizon A, est celui que travaillent l'agriculteur et le jardinier. C'est le plus riche en matière organique. L'horizon B accumule les substances minérales lessivées par l'eau d'infiltration depuis les couches de surface. Il contient également des fragments des roches saines situées plus en profondeur. L'horizon C est surtout fait des débris de toutes tailles de la roche mère sous-jacente, aux dépens de laquelle le sol se développe peu à peu.

Podzol (sol des climats tempérés)

Sol brun (riche en humus)

Le sol, l'air et l'eau

La taille des particules d'un sol et la façon dont elles s'agrègent sont très importantes pour l'agriculture. Les sols argileux retiennent bien l'humidité et les éléments nutritifs mais l'eau y circule mal. Les racines s'y enfoncent et s'y nourrissent difficilement. Un sol sableux est au contraire très poreux. L'eau s'y infiltre facilement et le lessive, en entraînant avec elle les éléments nutritifs. Ci-contre, la différence de pénétration de l'eau est ainsi bien mise en évidence. Le sol idéal pour les cultures est à mi-chemin entre ces deux types.

Le sol vit

Le sol est l'interface entre la vie sur Terre et la roche. C'est là qu'ont lieu les échanges d'éléments chimiques qui permettent la croissance des végétaux. À la mort des plantes, les éléments nutritifs qu'elles contiennent retournent au sol. Les micro-organismes (bactéries et champignons) y réduisent les organismes morts en molécules simples qui enrichissent à leur tour l'humus et qui profiteront à de nouveaux végétaux. À l'heure des récoltes, la moisson ôte au sol une des sources de sa fertilité.

Les mouvements du sol

Le sol est constamment en lent déplacement vers le bas des pentes, du fait de la gravité. Le pacage des animaux sur les pentes entraîne insensiblement le sol. Les alternances de gel et de dégel tendent à dégager les éléments de plus grande taille (graviers, cailloux…) qui pourront rouler plus bas à la belle saison. La forme des arbres permet de détecter les sols mobiles. Quand ils sont jeunes, les arbrisseaux poussent droits. Un sol en mouvement les inclinera peu à peu, en même temps que leur croissance tendra à les redresser pour compenser cette inclinaison. Il en résultera des arbres de forme arquée.

L'ÉROSION ELLE EST À LA SOURCE DU CYCLE DE FORMATION DES ROCHES

Les roches exposées à la surface de la planète subissent l'altération et l'érosion. On regroupe sous le terme altération les processus chimiques de dissolution qui conduisent au départ des minéraux sous forme dissoute et à la désagrégation des roches. Le mot érosion recouvre plutôt les processus mécaniques d'usure et de fragmentation des roches. Les particules arrachées sont prises en charge par les cours d'eau principalement mais aussi par les glaciers (p. 58-59) ou le vent. L'eau transporte d'autant plus de fragments de roches qu'elle va plus vite. Ainsi, les cours d'eau rapides ont un fort pouvoir érosif. Au cours de l'érosion et du transport, les particules sont triées en fonction de leur taille et de leur nature. Les éléments chimiques dissous sont transportés jusqu'à la mer, qu'ils contribuent à rendre plus salée. Sous les climats tempérés, où il pleut souvent, les argiles et le sable sont entraînés sur les pentes par l'eau de pluie puis par les rivières. Les fragments les plus lourds se déposent chaque fois que le cours d'eau ralentit. L'érosion fait reculer les falaises.

Les cascades

Les rivières creusent leur lit des sommets des montagnes jusqu'à la mer. Des différences de dureté des roches ou des irrégularités dans le cours d'eau provoquent la présence de rapides, de chutes d'eau ou de lacs. Les cascades soulignent les endroits où l'érosion est active. Elles sont fréquentes dans les vallées qui furent précédemment englacées (p. 58-59).

Les vagues sont un agent d'érosion

Les vagues sont créées par le vent soufflant en surface de l'eau. En pleine mer, les vagues successives sont parallèles; elles s'infléchissent dans les eaux moins profondes des côtes et elles arrivent parfois au rivage selon des formes incurvées qui influent sur la morphologie des rives. Les récifs frangeant ce rivage brisent l'élan des vagues. L'action des vaguelettes incurvées qui en résultent contribue à dessiner la forme de cette baie. Chaque nouvelle vague chasse latéralement les galets et les grains de sable; le reflux entraîne peu à peu ces matériaux plus au large.

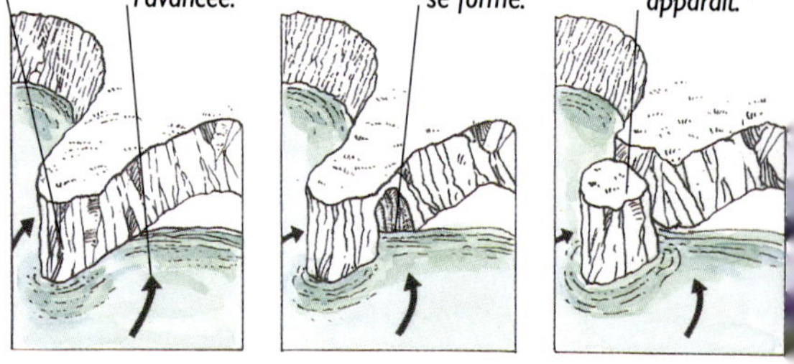

Des côtes indentées

Les vagues qui frappent les côtes rencontrent d'abord les terres avancées dans la mer. Elles les contournent là où l'eau est moins profonde et elles viennent s'écraser sur leurs flancs. Si leurs roches sont tendres ou fragilisées par des failles, les flancs sont érodés plus vite que l'extrémité de l'avancée. Il se forme ainsi une arche. Si la voûte de l'arche s'effondre, il restera une aiguille comme à Étretat, en Normandie. Les vagues entraînent parfois les galets sur des centaines de kilomètres.

L'anse de Man'o War, au sud de l'Angleterre

Le recul des falaises

Les vagues s'écrasent avec force sur le pied des falaises altéré par l'eau salée. Les cristaux de sel qui cristallisent dans la roche exercent une certaine pression et désolidarisent les grains. Les falaises ainsi sapées à leur base finissent par s'effondrer, cédant le long de failles qui correspondent parfois à des joints de stratification séparant les strates. La forme des falaises résulte du degré de résistance des roches.

En Haute-Normandie, les joints de stratification de la craie sont soulignés par des silex qui sont plus résistants que les sédiments qui les contiennent; ils forment les galets que l'on trouve au pied des falaises.

Les falaises d'Étretat en Normandie

La force des cristaux

Les pinacles rocheux, ou cheminées de fées, sculptés par l'érosion résultent des différentes résistances des diverses couches de roches. Cette résistance différentielle peut être liée à la taille moyenne des grains ou à la porosité. Une forte porosité permet à l'eau de pluie de s'infiltrer dans la roche. Sous un climat chaud ou venté, la surface des rochers sèche plus vite que l'intérieur, si bien que lorsque la partie interne sèche à son tour, les sels minéraux cristallisent en dessous de la surface. La croissance des cristaux désolidarise les grains qui seront emportés par le vent.

Dune au Maroc

Les déserts de sable

Les processus d'altération dans le désert sont surtout le fait de la fracturation des roches par les contrastes de température ou par la croissance des cristaux de sel. L'érosion est surtout due à l'action du vent qui emporte les plus petites particules ou les minéraux en feuillets (comme les argiles) et ne laisse que des grains de quartz arrondis. Ces grains de sable sont entraînés par le vent du désert où ils forment des dunes. Ces dunes se déplacent lentement.

Modèle réduit de paysage désertique

La vision du désert comme un milieu uniquement sableux n'est pas tout à fait exacte. L'Antarctique (p. 18) est un désert dans la mesure où, comme le Sahara, il reçoit moins de 25 cm de précipitations par an. Dans les régions arides, l'arrivée de pluies torrentielles peut nettoyer les flancs des reliefs de tous les galets, cailloutis, grains de sable ou argiles présents. Ces éléments sont entraînés dans les oueds puis dans des mares temporaires appelées playas ou sebkhas. Les fragments de roches sont réduits à terme en grains de sable, entraînés par l'eau ou par le vent qui en fera des dunes.

Phénomènes karstiques

Certaines rivières s'engouffrent dans des cavités parfois appelées avens. Ces grottes naissent de l'élargissement de failles dans le calcaire ou de l'effondrement du plafond de cavernes souterraines. L'altération creuse intensément les massifs calcaires et donne des systèmes de grottes si la roche est assez solide pour soutenir ces édifices souterrains. Le calcaire qui convient le mieux est fait de l'accumulation de boues carbonatées à grains fins (p. 51), cimentées en une roche dure.

Tous les fragments arrachés aux roches exposées à la surface de la planète finissent par se déposer quelque part sous forme de sédiments. Les milieux de dépôt sont variés à l'extrême (calme, agité, riche en faune, etc.), ce qui détermine les caractéristiques des divers types de sédiments (fin, grossier, etc.). Les particules se déposent au pied des pentes en montagne, dans les lits des rivières, sur les plages, au fond de la mer sur les plates-formes continentales ou dans les abysses. Bien souvent, les sédiments sont remobilisés (remis en mouvement), à peine déposés. Cela se produit lorsque les galets déposés par une crue sont emportés plus loin par la crue suivante. Ces galets et les autres particules subissent d'ailleurs des phénomènes d'altération pendant leur transport.

Plage de galets au pied des falaises

L'océan, milieu de dépôt ultime

Tôt ou tard, les sédiments finissent dans la mer, principalement sur les plates-formes qui accueillent le plus de dépôts, notamment lorsqu'elles s'enfoncent progressivement sous le poids des sédiments accumulés ou lorsque le niveau de la mer monte. Comme le taux de sédimentation est fort sur les plates-formes, les particules sont rapidement enfouies par les nouveaux apports. L'augmentation de poids les comprime et les transforme peu à peu en roches sédimentaires.

La rivière Shotover, en Nouvelle-Zélande

Les terrasses alluviales
L'importance des cours d'eau fluctue, notamment pendant les alternances de phases glaciaires et interglaciaires. Une rivière tantôt érode, tantôt dépose. Quand elle se remet à éroder, elle creuse son lit dans ses anciens dépôts, qu'on appelle alors des terrasses.

Une plage vivante
Les plages sont en renouvellement permanent (p. 54). Les vagues qui viennent s'écraser sur cette plage agitent sans cesse les bancs de galets et les trient selon leur taille, les plus petits étant plus facilement entraînés au loin. On peut même déceler des cycles saisonniers dans l'évolution des plages : le sable s'y dépose l'été, alors qu'il est remobilisé et entraîné plus au large par les tempêtes d'hiver.

Les méandres
Les rivières déposent dans les parties plus plates de leur cours les éléments qu'elles emportent dans les portions amont, au flot plus rapide. Les zones où les méandres des rivières serpentent sont souvent plates et larges. À l'occasion de crues, les rivières peuvent abandonner certaines boucles et en emprunter de nouvelles. Quand le cours d'eau recoupe un méandre, celui-ci devient un bras mort.

La rivière Mara, en Tanzanie

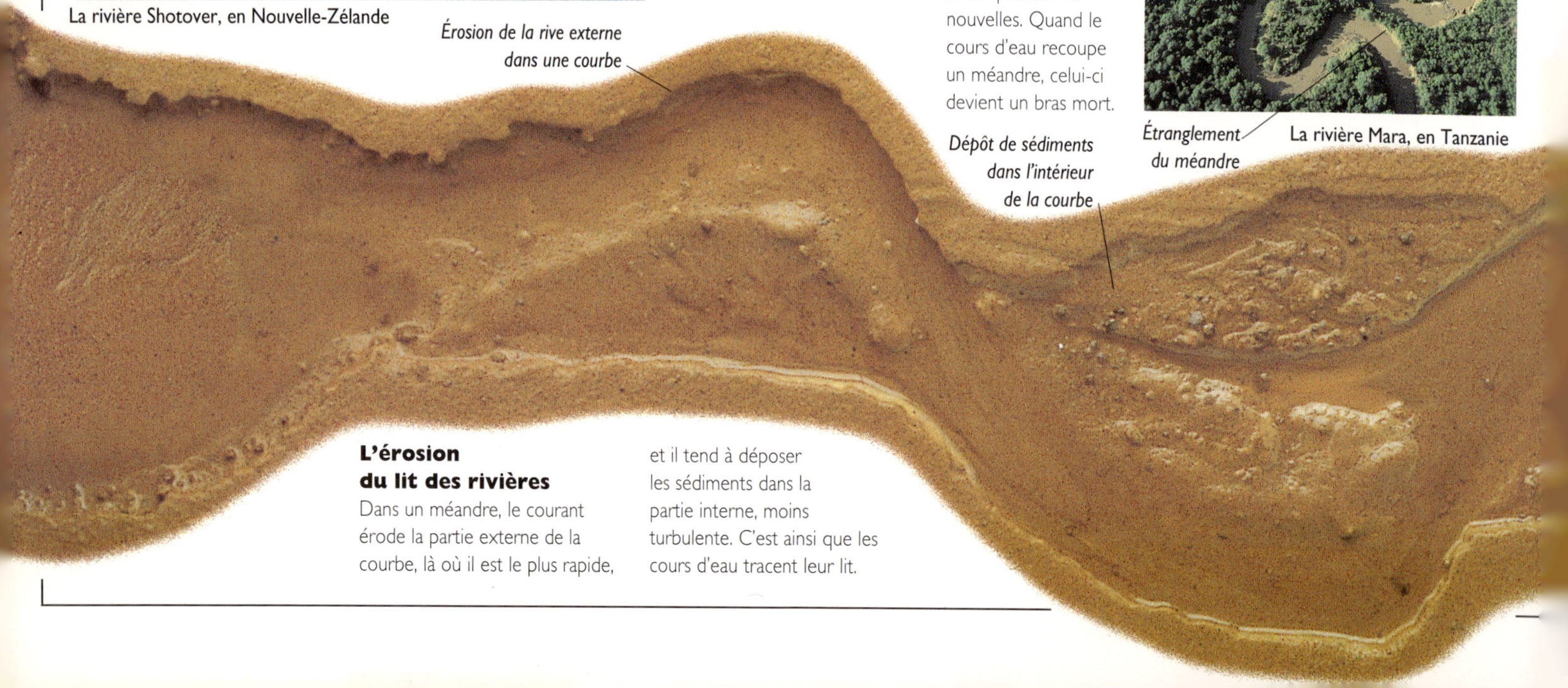

L'érosion du lit des rivières
Dans un méandre, le courant érode la partie externe de la courbe, là où il est le plus rapide, et il tend à déposer les sédiments dans la partie interne, moins turbulente. C'est ainsi que les cours d'eau tracent leur lit.

Le delta du Gange-Brahmapoutre

Embouchure

La baie du Bengale

Les deltas des fleuves

Les sédiments sont déposés par les cours d'eau quand le courant faiblit. Si cela se produit à l'embouchure d'une rivière dans un lac ou d'un fleuve dans la mer, il se construit un delta qui gagne peu à peu sur le milieu aquatique, créant ainsi de nouvelles terres.

Cette vue montre le mode de dépôt des particules apportées par le Gange et le Brahmapoutre dans le golfe du Bengale.

Le bouchon de vase

À l'embouchure des fleuves, les eaux deviennent brutalement turbides, c'est-à-dire boueuses. Ceci est dû au fait que l'eau salée provoque la floculation des argiles apportées en suspension par les eaux douces, qui forment ainsi comme des grumeaux et se sédimentent rapidement.

Ce phénomène est appelé le bouchon de vase. Il oblige à draguer régulièrement les bassins de certains ports sur des estuaires.

Argiles mélangées à l'eau salée

Argiles mélangées à l'eau douce

Dans l'eau douce, les particules restent en suspension.

L'eau salée provoque la floculation des argiles, qui tombent plus vite au fond.

Les couches sont épaissies là où la subsidence est la plus forte.

Couches bleues et noires : roches plus âgées, déposées avant l'étirement

Coupe d'un delta

Les sédiments s'accumulent dans les deltas. Les couches rouges ont été déposées alors que ce modèle subissait des contraintes en extension (p. 47). Là peut se trouver beaucoup de pétrole.

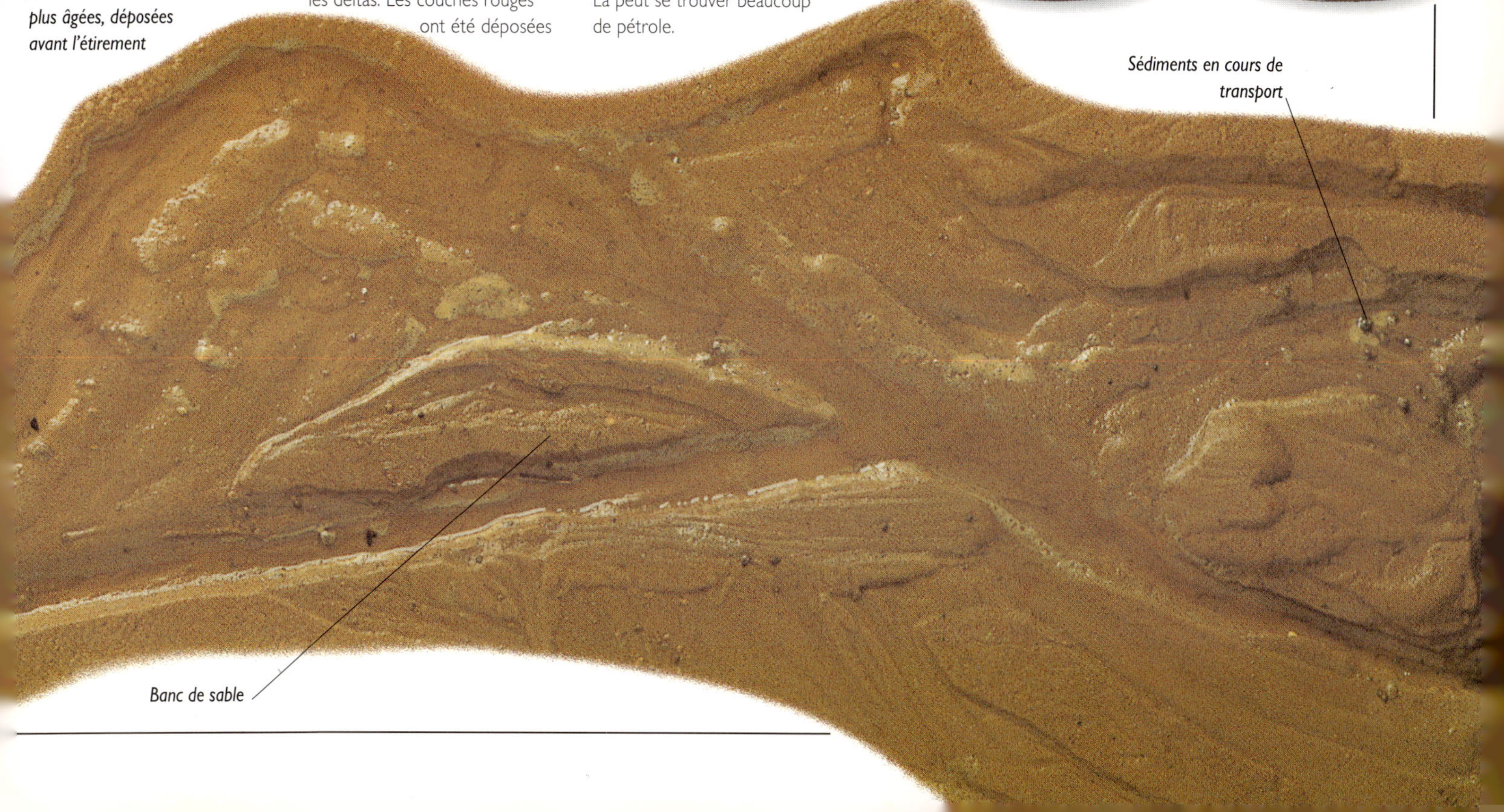

Sédiments en cours de transport

Banc de sable

On rencontre aujourd'hui les glaciers dans les hautes vallées des chaînes de montagnes. Toutefois, la plupart d'entre eux fondent plus vite qu'ils ne sont alimentés par les chutes de neige : l'extrémité des glaciers recule progressivement vers l'amont dans les vallées. Nos glaciers sont les vestiges des carapaces de glace qui remplissaient les vallées pendant les âges glaciaires du Pléistocène. Il y a 10 000 ans, ces vastes glaciers ne se sont plus renouvelés aussi vite et se sont mis à reculer. Ils avaient dû mettre à peu près autant de temps pour s'installer. Durant les deux derniers millions d'années, les glaciers se sont développés chaque fois qu'un stade glaciaire, froid et humide, a suivi un stade interglaciaire, plus chaud. La Terre, pense-t-on, traverse actuellement un stade interglaciaire ; les glaciers sont globalement en phase de retrait. Sous l'action de la gravité, ils descendent lentement de leur zone de formation, haut perchée dans la montagne. En avançant, ils élargissent et approfondissent leur vallée, la creusant selon un profil en U.

Des géants nés des glaciers
Au bout de la langue de glace, un torrent surgit au milieu des accumulations chaotiques de blocs et de cailloux abandonnés par le glacier en train de fondre. Ces amas sont appelés des moraines frontales. Les grands fleuves d'Europe que sont le Rhône et le Rhin naissent ainsi au bout des glaciers alpins.

Les calottes de glace
L'intérieur des terres au Groenland et en Antarctique est recouvert de calottes de glace épaisses de milliers de mètres. Elles s'amincissent vers les rivages. Près de la côte nord-ouest du Groenland, les glaciers fraient leur chemin à travers les montagnes qui ceinturent l'île. Les flancs des glaciers arrachent et emportent des fragments de roches qui sont ensuite accumulés dans des moraines latérales ou piégés dans la glace même.

L'ÉROSION GLACIAIRE

Les glaciers sont ourlés par des moraines, c'est-à-dire des accumulations de débris de roches arrachés plus en amont par friction entre la glace et les roches encaissantes. Ces débris sont transportés dans les vallées et sont abandonnés à l'extrémité des glaces, en aval. Des quantités énormes de roches sont ainsi transportées.

Des glaciers reliques
L'Alaska, le Canada, une grande partie du nord des États–Unis et la Scandinavie, comme l'Antarctique et le Groenland, étaient englacés pendant les périodes les plus froides de l'âge glaciaire pléistocène. Aujourd'hui, si ces régions sont toujours enneigées l'hiver, seules leurs montagnes portent encore des glaciers permanents. Ainsi que le montre cette vue satellite de l'Alaska, les côtes sont prises par la banquise, l'hiver, alors que l'eau de mer gèle et que tombent les premières neiges. En Sibérie, en Alaska, au nord du Canada, le sol de régions entières reste gelé en profondeur toute l'année. On appelle ce phénomène le permafrost ; son extension géographique est en réduction à l'heure actuelle.

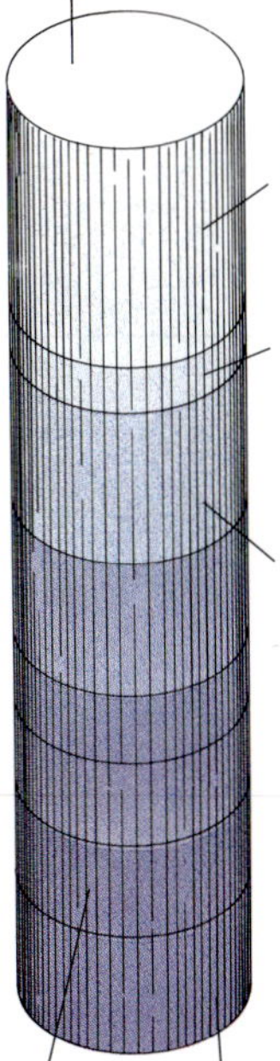

De la glace sale

L'été, la neige ancienne qui recouvre la glace tend à fondre, concentrant ainsi les poussières en une sorte de placage en surface. Cette coloration sombre capte mieux les rayons du soleil, ce qui accélère encore la fonte estivale. L'hiver suivant déposera une nouvelle couche blanche. Les années successives se traduisent par des lits sombres superposés.

De la neige à la glace

Les couches de neige fraîche sont faites de flocons peu denses. Alors que cette neige légère fond le jour et gèle la nuit, les nouveaux cristaux forment des édifices compacts. Ce qui fut de la neige poudreuse se transforme en une glace massive et dure.

Les Alpes françaises, près de Chamonix

L'érosion glaciaire

Quand un glacier recouvre un massif rocheux, de la glace fondue s'infiltre dans les fissures de la roche, où elle peut geler à nouveau et affaiblir le substratum. C'est ainsi que sont arrachés les fragments de roches, emportés ensuite en aval par le glacier.

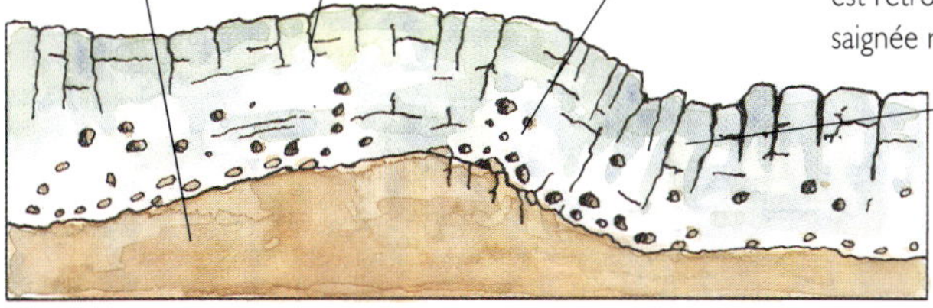

Les fjords

Les glaciers avancent lentement et épousent difficilement les courbes de leurs tracés. La plupart d'entre eux occupent d'anciens lits de rivière dont ils érodent les flancs et le fond. Après leur fonte, ce qui avait été une vallée sinueuse au profil en V est retrouvé comme une saignée rectiligne, au profil en U. Les zones montagneuses situées en bord de mer ont vu leurs vallées envahies par les eaux alors que la fonte des glaces élevait le niveau de la mer. On voit de nombreuses criques formées de cette façon sur la côte ouest de la Norvège ; elles sont appelées fjords, d'un mot norvégien. On en rencontre également ailleurs qu'en Norvège.

Roche calcaire des Alpes suisses

Poussière de roches usées et fragments forment les argiles à blocaux (à droite). Cela donne des reliefs mamelonnés.

Des roches polies par les glaciers

Le substratum rocheux sur lequel glisse le glacier est peu à peu usé et poli par les fragments et la poudre de roche abrasifs contenus dans la glace et qui constituent la charge solide du glacier. La surface aplanie du substratum est ainsi striée (à gauche) progressivement. La masse de poudre de roche et de blocs de toute taille est abandonnée en tas après le recul des glaciers fondants.

Argiles à blocaux crayeuses

Lorsqu'il évoquait un âge possible pour la Terre, James Hutton (p. 8) écrivait en 1788 qu'il ne voyait « aucun vestige d'un début et aucun indice d'une fin éventuelle ». Hutton se figurait les temps géologiques comme étant inimaginablement longs. Ce n'est qu'au XXe siècle que la compréhension de la radioactivité permit d'établir une méthode quantitative pour dater des matériaux aussi anciens que les roches de la Terre. Cette datation radiométrique repose sur un phénomène mesurable, se produisant à une échelle de temps compatible avec l'ampleur de la durée des processus terrestres. Une autre façon de dater une roche et, par là-même, la Terre, est d'étudier les strates sédimentaires et les fossiles qu'elle contient.

James Ussher (1581-1656)
Cet ecclésiastique du XVIIe siècle se fonda sur les données de la Bible pour affirmer que l'âge de la Terre était de 4 004 ans av. J.-C. Son calcul reposait sur la succession des généalogies de l'Ancien Testament. Cet âge fut admis par beaucoup de scientifiques et par le public d'alors.

William Thomson (1824-1907)
Cet homme de science britannique (anobli sous le nom de lord Kelvin) calcula l'âge de la Terre à partir de sa vitesse de refroidissement et du temps mis pour arriver à sa température actuelle. Il partait de l'hypothèse qu'à l'origine la surface de la planète était en fusion. Son calcul donnait un âge de 40 millions d'années, ce qui est beaucoup trop court pour permettre aux processus d'évolution de la vie ou de dépôt des sédiments de se produire (p. 62).

Divers paramètres enregistrés

L'enregistrement sédimentaire permet entre autres choses de reconstituer les climats du passé, fournissant par exemple des indications sur ce qu'était l'atmosphère des diverses époques. Le plancher océanique garde la mémoire des variations du champ magnétique terrestre au cours des 200 derniers millions d'années.

Des lacunes temporelles
L'épaisseur des couches de sédiments semble permettre de mesurer la durée des processus géologiques, mais les vitesses de sédimentation sont difficiles à calculer. Le problème crucial vient des lacunes de temps, résultant des périodes d'absence de dépôts ou d'érosion des sédiments déjà déposés. Ces lacunes peuvent représenter des durées extrêmement longues. Cet affleurement peu épais représente pourtant un intervalle de temps de 160 millions d'années.

Des fossiles utiles
Le géologue britannique Charles Lyell (p. 62) découvrit que les roches récentes contenaient des fossiles similaires à des organismes vivant actuellement, alors que plus les roches étaient anciennes, moins elles contenaient de formes familières. Les paléontologues, qui étudient les fossiles, et les stratigraphes, qui s'intéressent à l'enchaînement des dépôts sédimentaires, ont rassemblé quantité de données sur l'histoire de la Terre, permettant de dater une roche à partir des fossiles qu'elle contient. Par exemple, le trilobite *Acadagnostus* se rencontre dans les couches du Cambrien moyen alors que *Eocyphinium* (ci-dessous) est commun dans celles du Carbonifère.

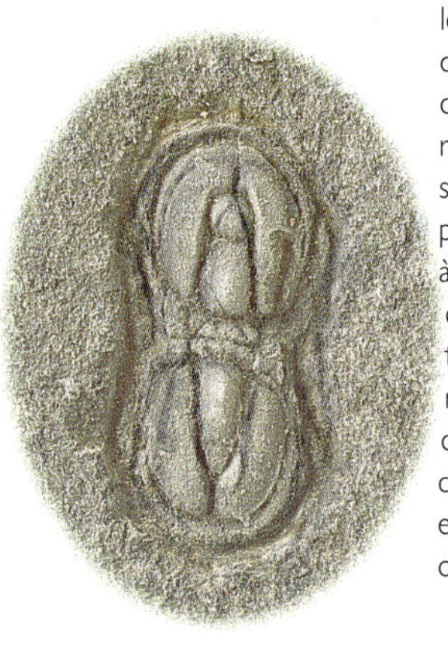

Acadagnostus

Eocyphinium

Les fossiles sont les restes d'organismes, transformés en roche dans le sédiment et qui sont ainsi préservés.

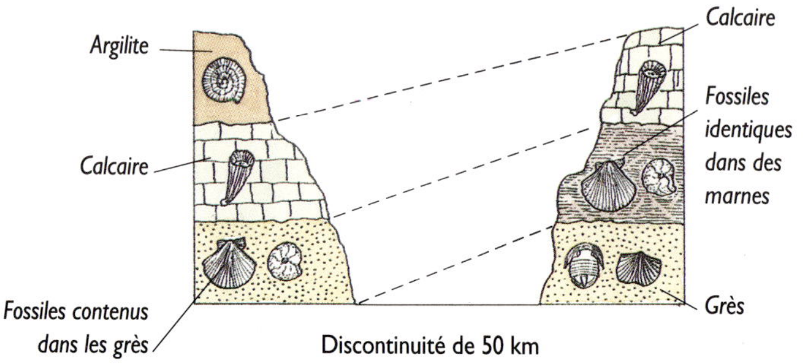

Deux roches distinctes comme le grès et les marnes peuvent se déposer au même moment sur une même côte et contenir les mêmes fossiles.

La biostratigraphie
Les fossiles permettent de comparer des roches parfois très éloignées géographiquement les unes des autres. Ce mode de corrélation repose sur un double postulat, à savoir que l'évolution des espèces s'opère partout à la même vitesse et qu'une espèce éteinte ne réapparaît jamais.

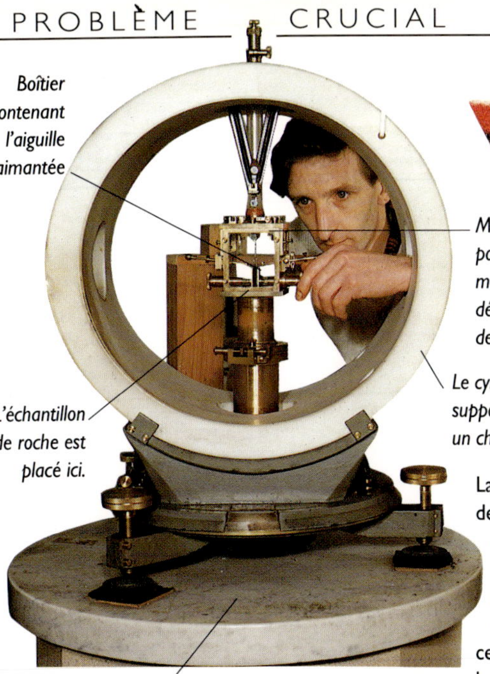

Boîtier contenant l'aiguille aimantée

Miroir pour montrer le déplacement de l'aiguille

Le cylindre de marbre supporte des bobines produisant un champ magnétique.

L'échantillon de roche est placé ici.

Base de marbre pour isoler l'aimant

La direction de l'ancien champ magnétique permet de dater certaines laves.

Modèle réduit de bassin sédimentaire

Les couches rouges ou noires représentent les sédiments.

Le paléomagnétisme

Les laves, se figeant, enregistrent la direction du champ magnétique terrestre (p. 6 et 38). En prélevant des échantillons de lave ancienne, en prenant bien soin de noter leur orientation, on détermine la direction du champ magnétique de l'époque.

La magnétostratigraphie

Les roches sédimentaires comme le grès ou les marnes contiennent des grains de minéraux magnétiques arrachés aux roches ignées préexistantes. Lors de la sédimentation, ces minéraux s'orienteront en fonction du champ magnétique, comme l'aiguille d'une boussole (p. 6). Des strates sont donc comparées et corrélées aux polarités normales ou inverses (p. 38–39), ce qui permet de les dater. Les roches riches en fer se prêtent bien à cette étude.

Les cernes du bois

On calcule l'âge d'un arbre abattu grâce au nombre de cernes de son tronc. Chaque année de vie se matérialise par l'adjonction d'un anneau supplémentaire plus ou moins épais. Les plus vieux arbres connus, comme les pins aristés d'Amérique du Nord, permettent de remonter quelques milliers d'années dans le temps. Grâce à cela, on peut dater un arbre fossilisé avec précision.

Cernes de croissance

Les cernes les plus externes correspondent au bois le plus jeune.

Tronc d'arbre fossile

Extraction des aminoacides des os pour datation au radiocarbone

Des éléments, dont l'uranium, servent à dater les roches très anciennes.

Datation radiométrique

Cette méthode de datation repose sur le taux de désintégration nucléaire d'un isotope radioactif au fil du temps.

Grâce au carbone 14, on peut dater des objets organiques (bois, ossements, sols) ayant moins de 70 000 ans.

Datation au carbone 14

Tous les organismes vivants ont la même teneur en carbone 14, en équilibre avec celle de l'atmosphère. À leur mort, le carbone 14 n'est plus renouvelé et disparaît peu à peu par désintégration. L'âge de l'objet est déterminé par le rapport entre les abondances des isotopes 14 et 12 du carbone.

La période la plus récente de l'histoire de la Terre est la mieux connue parce que les roches les plus jeunes contiennent d'abondants fossiles et que l'on dispose d'un enregistrement sédimentaire relativement complet. Les 3 000 premiers millions d'années sont beaucoup moins connus car les roches d'alors contiennent très peu de fossiles et ceux-ci sont très primitifs ; en outre, la plupart des roches ont subi le métamorphisme, sans compter qu'elles sont enfouies en profondeur ou déjà transformées en roches sédimentaires.

Charles Lyell

Le principal apport de Lyell à la géologie a été le principe de l'« uniformitarisme », c'est-à-dire que « le présent est une clé pour comprendre le passé », les mêmes causes étant censées produire les mêmes effets au cours des temps. On sait maintenant que ce principe est très approximatif. Tous les phénomènes géologiques – tectonique des plaques, orogenèse, érosion, sédimentation – furent vraisemblablement amorcés tôt au cours du Précambrien.

Charles Lyell (1797-1875)

L'âge de la Terre

Il est estimé à 4 550 millions d'années. Ceci est confirmé par l'âge des roches les plus anciennes de la Lune et par celui calculé pour les météorites, comme si tous les astres du système solaire étaient contemporains. Au cours du Précambrien se sont produits la plupart des phénomènes majeurs comme l'apparition de formes de vie, la croissance des continents, l'amorce de la tectonique des plaques et la constitution d'une atmosphère contenant de l'oxygène.

Météorite pierreuse

Le bouclier précambrien

Sir William Logan (p. 41) comprit l'âge prodigieux des roches du bouclier canadien dont il était en train de dresser la carte. Il donna le nom de cryptozoaires (c'est-à-dire d'animaux cachés) aux structures de ces roches supposées avoir précédé l'apparition de la vie.

Les roches primordiales

Les roches de la première croûte terrestre formée devaient avoir la composition du basalte, comme le plancher océanique actuel. Les premiers granites formant les continents ont dû être formés plus tard. Aujourd'hui, les granites précambriens ont été métamorphisés, parfois à plusieurs reprises.

Gneiss granitique

Paradoxides

Les éboueurs du fond des mers

Le Cambrien est l'époque pendant laquelle la vie devint abondante dans les océans et y laissa des traces identifiables. Les trilobites, comme ce *Paradoxides*, peuplaient les fonds marins peu profonds, qu'ils fouillaient pour trouver leur nourriture.

Mastopora

Goniophyllum

Les coraux tels que *Goniophyllum* existent de très longue date.

L'oxygène naît

Les algues vertes comme *Mastopora* dégagent de l'oxygène et sont tenues pour responsables de l'apparition de ce gaz.

Collenia

La vie primitive

Les *Collenia* sont des stromatolites, c'est-à-dire des algues primitives figurant parmi les premières formes de vie sur Terre.

Pteraspis

Les poissons osseux

Certains organismes ont un squelette externe comme une coquille, d'autres ont un squelette interne. Les premiers poissons à peupler les mers avaient un squelette externe fait de plaques osseuses, comme ce *Pteraspis*.

Archéen	Protérozoïque	Cambrien	Ordovicien	Silurien	Dévonien
Précambrien		Paléozoïque			
4 500 Ma	2 500 Ma	590 Ma	500 Ma		400 Ma

Lycopodium

Les végétaux
Les premières formes végétales se rencontrent dans les roches du Silurien et du Dévonien. Les plantes ont colonisé les terres émergées au Carbonifère (son nom vient de « charbon »). Les nombreux marais de cette époque ont été enfouis, comprimés ou chauffés, évoluant progressivement vers des gisements de charbon. Les mousses, comme ce Lycopodium actuel, sont apparues au Paléozoïque.

Un fond marin fouillé par les organismes
Ces roches grises d'âge carbonifère ont été durcies et érodées. Elles formaient le substratum du fond de la mer pendant le Jurassique et elles ont été creusées par des mollusques bivalves.

Archeopteryx
On trouve si peu de fossiles d'oiseaux que leur évolution est mal connue. *Archeopteryx* est un oiseau d'âge jurassique, capable de voler mais possédant des dents.

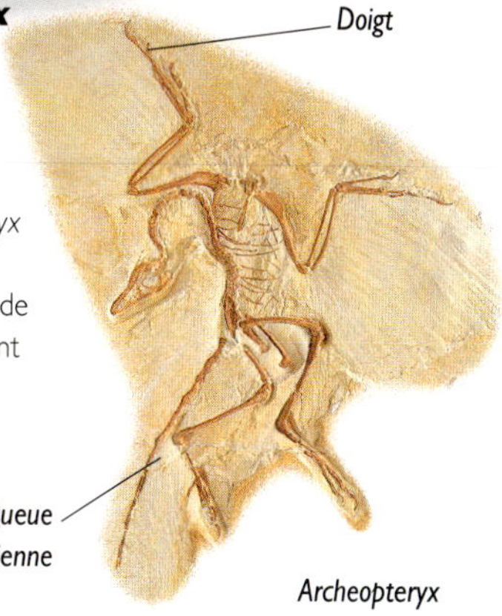

Archeopteryx

Le relief est un des facteurs clés du climat.

Le grand âge glaciaire
Une des causes de l'âge glaciaire du Pléistocène pourrait être la présence et la localisation des chaînes de montagnes qui influencèrent le régime des vents et donc le climat.

Une planète montagneuse
La Terre a vu se développer de nombreuses chaînes de montagnes très importantes depuis le Mésozoïque. Sa topographie actuelle est plus variée qu'elle a pu l'être en des temps plus reculés de son histoire.

Une Europe désertique
Les grès permiens abondants en Europe se sont formés en climat désertique. Les grains de sable arrondis sont typiques d'un mode de transport par les vents.

Un désert de sable
Les déserts d'Europe devaient être aussi étendus que l'actuel désert de Gobi. La présence d'épais dépôts de sel reflète l'évaporation de lacs temporaires en climat chaud.

On trouve des restes fossilisés de dinosaures dans les dépôts sédimentaires au bord de ces lacs.

La carte du Carbonifère
Sur cette carte de la Pangée, Alfred Wegener (p. 35) dessina tous les continents regroupés à la fin des temps carbonifères.

La craie
Le Crétacé a vu se développer des mers dans lesquelles se déposait la craie, faite de l'accumulation d'algues minuscules.

Allosaurus terrestre

Les fossiles marins
Les organismes marins ont plus de chances d'être fossilisés que ceux des continents.

Les fossiles des animaux terrestres sont très rares.

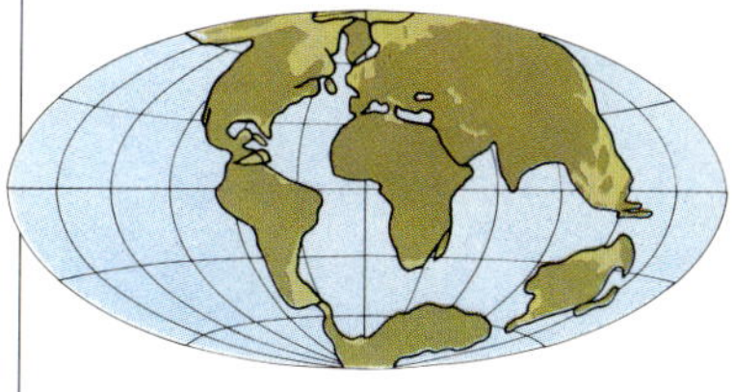

Un paysage bouleversé
La carte d'Alfred Wegener pour le Tertiaire ressemble à l'actuelle carte du monde, bien que l'Atlantique y soit plus étroit. Pourtant, le Tertiaire a vu croître les Alpes, les Andes, l'Himalaya et bien d'autres montagnes.

Carbonifère	Permien	Trias	Jurassique	Crétacé	Tertiaire	Quaternaire
Paléozoïque		Mésozoïque			Cénozoïque	
300 Ma		200 Ma		100 Ma	65 Ma	

LES SAVANTS

REMERCIEMENTS

Dorling Kindersley tient à remercier :
Henry Buckley, Andrew Clarke, Alan Hart et Chris Jones du Natural History Museum ; Ken McClay, professeur au Royal Holloway University of London ; John Catt de Rothamsted Experimental Station ; l'équipe de the Institute of Oceanographic Sciences Deacon Laboratories ; l'équipe de the British Antarctic Survey ; Brian Taylor et Fergus McTaggart au British Geological Survey ; BP Exploration pour la carotte de la page 27 ; Frances Halpin ; The Old Southern Forge pour l'acier page 29 et Jane Parker.

Illustrations de Stephen Bull

Photographies de Andy Crawford, Mike Dunning, Neil Fletcher, Steve Gorton, Colin Keates, Dave King, James Stephenson, Harry Taylor et Peter York.

ICONOGRAPHIE

h : haut ; b : bas ; c : centre ; g : gauche ; d : droit

B & C Alexander 58 b ; Biofotos/Heather Angel 17 hg ; Bodleian Library, Oxford 9 bd, 9 hd ; Bridgeman/Royal Geographical Society 8 hg ; Louvre, Paris 52 hg ; British Antarctic Society 6 bd, 19 hd, 32 bg ; E. Wolff 19 bd ; R. Mulvaney 19 bc ; NOAA 39 bd ; British Geological Survey 6 hd, 21 bd, 61 hg ; Bruce Coleman Picture Library /Jules Cowan 17 cgb ; M.P.L. Fogden 20 cg ; James Davis Photography 50-51 b ; Joe Cornish 55 g ; John Catt 52 d, 52 bc ; Mary Evans Picture Library 22 cd, 24 hg, 30 bg, 30 bc, 31 hg, 34 cd, 40 hg, 60 hg ; Explorer Biblioteca Reale, Torino 8 bg ; fotograff/Charles Aithie 50 cg, 52 bg, 56 hd, Jill Ranford 51 hc ; Greenpeace/Loor 18 bg ; Gwynedd Archive Service 28 cb ; Robert Harding Picture Library 37 hd, 37 bg, 39 cg, 44 cgb, 47 cd, 63 cd ; Y. Arthus Bertrand Explorer 56 cd ; Margaret Collier 56 cg ; Ian Griffiths 50 hd ; Image Bank/Joanna MacCarthy 41 cd ; H. Wendler 53 hd ; Institute of Oceanographic Sciences/ Deacon Laboratory 38 hd ; MIAS 33 hd ; Impact/Martin Black 9 bg ; Japanese Archive 42 hg ; Mansell Collection 8 cd, 8 bd, 18 hg, 34 hd, 46 hg, 60 hd, 62 hd ; NASA 6 hg, 10 hg, 11 hd, 11 hc, 12 bc, 34 bd, 49 hg, 49 c, 57 hg ; National Archives of Canada 41 hd, 62 cgb ; National Maritime Museum Publications 30 bd ; National Oceanic and Atmospheric Administration /National Geophysical Data Centre 36 bg, 36 hg, 37 c, 37 hcg, 37 bd ; Natural History Museum Picture Library 13 cbd ; Image Select/Ann Ronan 22 hg ; Clive Oppenheimer 25 g ; Oxford Scientific Films/John Downer 49 hd ; Mills Tandy 55 bd ; Konrad Wothe 46 cd ; Planet Earth Picture Agency/ Peter Atkinson 10 cd ; Peter David 32 hg ; Ivor Edmonds 59 hd ; David George 24 c ; Princeton University : Department of Geological and Geophysical Sciences 38 hg ; Science Photo Library/Dr Gene Feldman/ NASA GSFC 32 c ; Mark Bond 26 hg ; Tony Craddock 48 c ; John Downer 37 bc ; European Space Agency 1 c ; Douglas Faulkner 38 cg ; James King-Holmes 61 cd ; 61 cdb ; G. Muller, Struers MBH 29 hc ; NASA 37 hg, 45 cg, 58 cd ; Peter Ryan Scripps 38 cd ; Soames Summerhays 45 b ; US Geological Survey 37 hcd, 43 cd ; Tom Van Sant/Geosphere Project, Santa Monica 14 hd, 18 cg, 18 c, Scripps Institute of Oceanography 32 cd ; Simon Petroleum 40 bc ; Frank Spooner Picture Library/ Giboux Liais 43 cg ; Planchenault Front Cover/Clive Streeter 46 cgb, 54 cgb, 54 bd, 55 hd, 59 hc, 63 c ; US Geological Survey 48 hd ; Susanna van Rose 29 bg, 60 cgb ; Vienne, Institut universitaire de géologie 42 cdb ; Alfred-Wegener Institute/ Andreas Frenzel 35 hd.

À l'exception des items listés ci-dessus et des objets du Science Museum (London) des pages 17 cd, 12 cg, 20 hd et ceux du Oxford University Museum des pages 12 dc et 62 cg, les objets des pages 3 hd, 4 hd, 4 hgc, 4 b, 6 hg, 14 g, 15, 18-19 c, 17 bc, 17 hd,17 hg, 24 b, 27 hg, 27 d, 29 g, 33 b, 41 g, 41 b, 43 b, 46 g, 46 c, 46 b, 48-49 b, 53 hg, 53 b, 57 hd, 57 c, 56-57 b, 58 bd, 59 bg, 61 hd appartiennent tous aux collections du Natural History Museum (London).